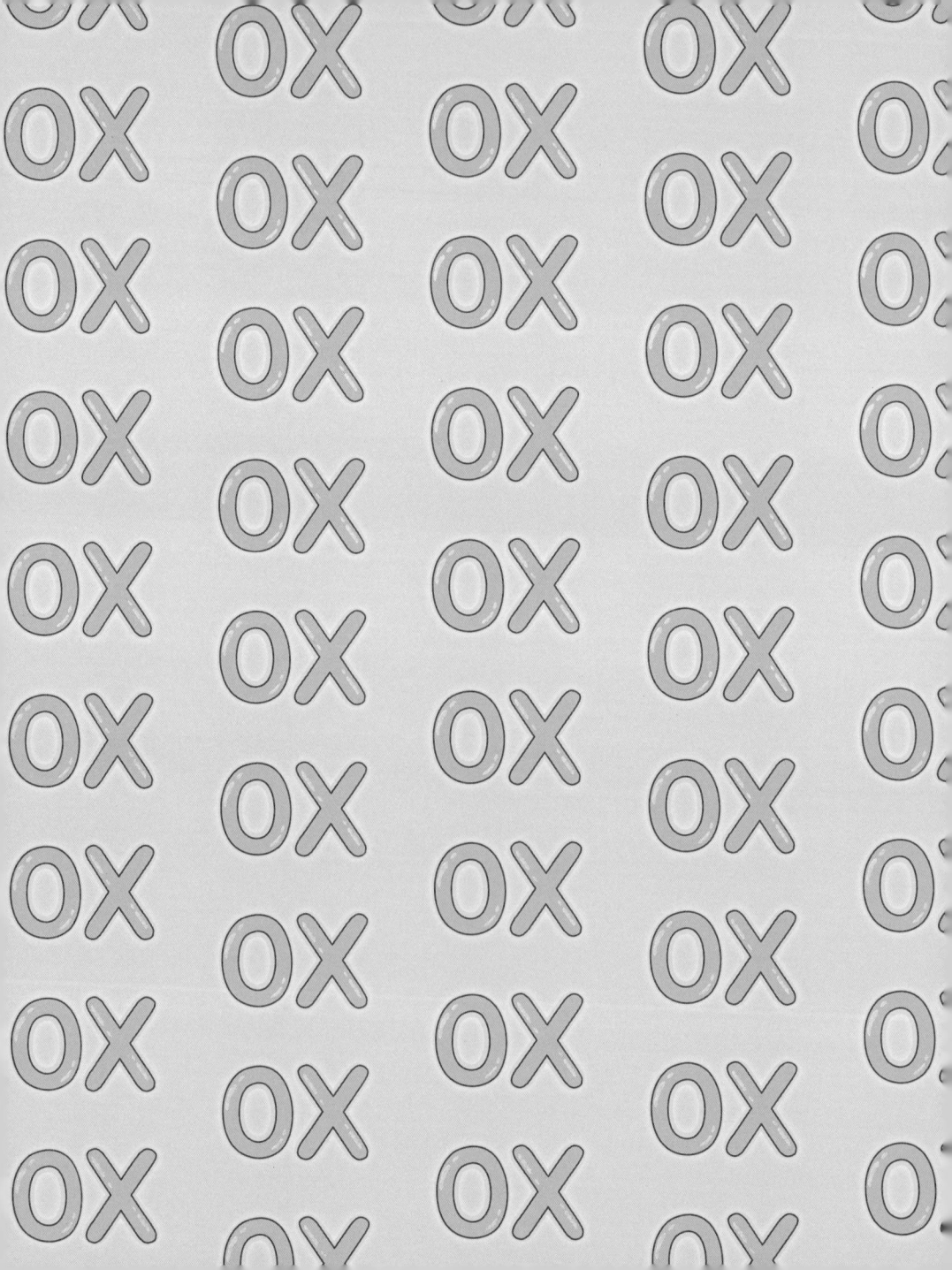

읽으면서 바로 써먹는 어린이 OX 퀴즈

글·그림 한날

파란정원

작가의 말

몇 년 전 뉴스를 통해 우리나라에서 명태가 거의 사라졌다는 소식을 들었던 적이 있습니다. 과거에는 그렇게 흔하게 보이던 명태가 사라졌다는 소식에 그 당시 적잖은 충격을 받았던 기억이 납니다. 그런데 뉴스가 현실로 다가왔습니다. 더욱 길고 뜨거웠던 올여름은 사람들에게도 무척 큰 걱정과 두려움을 주었습니다. 세계 곳곳에서 이상 기후로 인한 자연재해가 발생하였고, 그 피해 또한 무척 컸습니다. 바닷속 또한 또다시 이상 징후를 보이며, 우리나라 바다에 출몰되지 않던 상어가 나타났다거나 동해에서 참다랑어가 잡힌다는 소식이 새롭게 나오고 있습니다. 우리나라의 어종이 새롭게 바뀌고 있다는 사실을 반기는 이도 있지만, 마냥 반길 수만은 없는 것이 현실입니다.

확실한 것은 그 원인이 기후 변화라는 점이며, 인간이 그 변화에 어떻게든 가장 큰 영향을 주고 있다는 것입니다. 그뿐 아니라 인간이 바다에 버린 쓰레기 또한 상상을 초월하는 수준에 이르렀다는 소식에 바다에 사는 다양한 생물에 대한 걱정이 더욱 커졌습니다.

　　그래서 이번 《읽으면서 바로 써먹는 어린이 OX 퀴즈》에서는 위기를 겪고 있는 바다를 배경으로 용궁의 보호막을 재건하기 위해 찹이 패밀리가 바닷속 모험을 떠납니다. 쭈꾸랑 왕자와 낙랑 공주를 도와 재미있고 신기한 OX 퀴즈를 풀며, 다양한 상식과 지식을 쌓는 알찬 시간이 되었으면 좋겠습니다. 그리고 우리 친구들이 기후 변화에 더욱 관심을 가지고 환경을 살리는 작은 일들에 앞장서길 바랍니다.

한날

프롤로그

쌰아아아

살려 주세요!

살려 주세요!

쌰아아아

흑흑, 벌써 무인도에 들어온 지도 5년이 다 되었어.

우리 영영 이곳에서 살아야 하나 봐.

헬프 미!

헬프 미!

…

너희들 뭐 하냐?

우린 오늘 무인도 체험하러 온 거잖아.

무인도 체험장

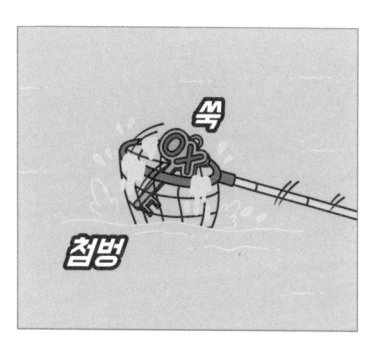

읍읍!

슈웅

보글

보글

읍읍!

보글

숩

숩

보글

보글

숩

도대체 어디까지 내려가는 거야?

조용

오잉?

보글

보글

휴~, 드디어 해초가 우릴 풀어 줬어.

스르륵

9

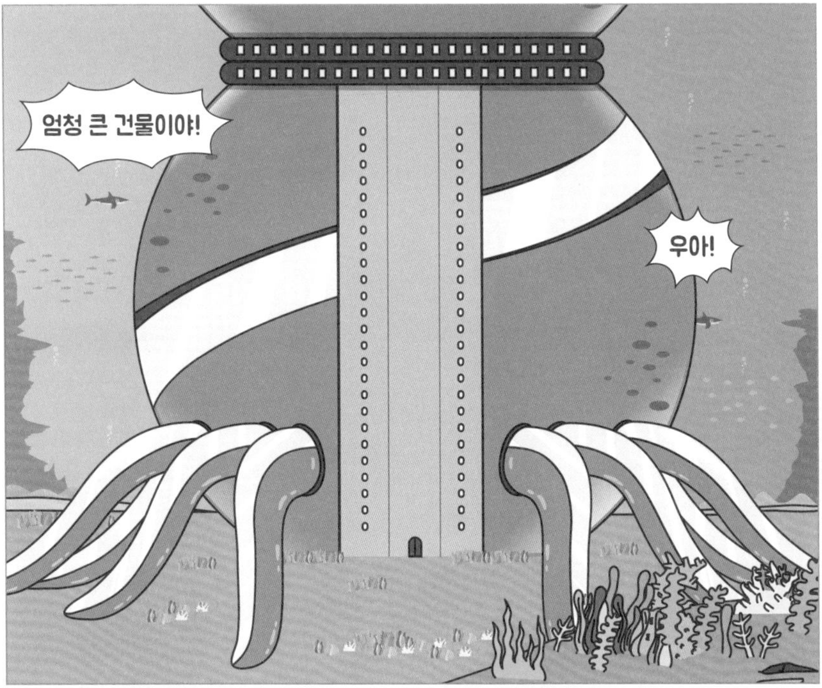

엄청 큰 건물이야!

우아!

저런 게 왜 바닷속에 있는 거지?

그야 용궁이니까 당연히 바닷속에 있지.

앗! 이건 우리에게 뭔가를 먹인 손 아니 발이잖아!

쓰윽

용궁에서 만난
쭈꾸랑 왕자와 낙랑 공주

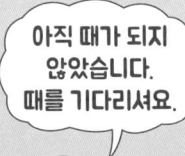

001

방귀를 참으면 역류해서 트림으로 나온다.

첫 번째 퀴즈는 얼떨결에 풀었네.

정말 OX 퀴즈가 나왔어!

저것 봐! 퀴즈를 풀었더니 첫 OX에 불이 켜졌어.

너희들 퀴즈를 잘 푸는구나.

앗! 쭈꾸랑 왕자, 도대체 이게 무슨 일이야?

바닷속에서 우리가 OX 퀴즈를 풀고 있다니!

아, 정확히 말하면 보호막을 만들 OX 퀴즈를 부르는 열쇠지.

아까 말했잖아. 너희가 건진 건 용궁의 보호막 열쇠라고.

잃어버린 열쇠를 때마침 너희가 건진 거야.

급한 마음에 너희들까지 용궁으로 데려와 버렸지 뭐야.

지금 용궁을 감싸고 있던 보호막이 모두 파괴되어 버렸거든.

트림은 음식물과 함께 들어온 공기가 위에서 배출되는 것이고, 방귀는 대장에서 미생물의 발효 작용으로 생성된 가스가 배출되는 것이에요. 때문에 방귀가 역류해 트림이 되는 것은 불가능한 일이에요.

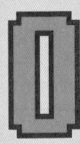
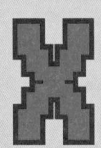

으~, 계속해서 OX 퀴즈가 나오잖아!

역시 두 번째 퀴즈를 푸니까 다음 기호에도 불이 들어왔어.

딸깍

이제 시작이야. 이런 퀴즈를 100개나 풀어야 한다고!

보글

보글

OX 퀴즈는 열쇠를 꽂은 우리를 따라다니면서 계속 나타날 거야.

너흰 계속 퀴즈를 풀면서 따라와.

이제 용궁 안으로 들어갈 거니까.

용궁 안으로?

쿵

쿵

가면서 너희들이 나를 도와야 하는 이유도 설명해 줄게.

철컹

들어와.

얘들아, 어서 따라가자!

응!

달팽이는 수많은 작은 이빨이 혀처럼 생긴 치설에 촘촘하게 박혀 있어요. 이 치설을 이용해 달팽이는 먹이를 긁어모으거나 갉아먹지요. 치설이 닳아 짧아지면 다시 교체 된다고 해요.

정답 : O

그 영향으로 인해
용궁은 지금 궁이라기보단
보이는 것처럼 기지에
가까워졌지.

기지?

기지라면
전투할 때 중심이
되는 곳이잖아.

맞아. 지금 우린
바닷속에서
계속 전투 중이거든.

이상 기후로
생겨난….

번뜩

버럭

바닷속
돌연변이들과
말이야!

돌연변이?

이상 기후는
바닷속에 돌연변이를
만들어 냈고,

딸깍

그 돌연변이들은
바다는 물론 육지까지
자신들 것으로
만들려 하고 있어.

화들짝

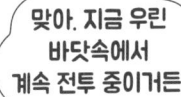

말도 사람처럼 활동을 많이 하여 피곤할 때는 코를 고는데, 노령화가 될수록 코를 더 많이 곤다고 해요. 게다가 깜짝 놀라는 일이 있을 때는 잠꼬대까지 한다니 참 신기해요.

004

모든 나무에는 나이테가 있다.

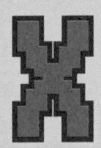

슈웅

척

지이잉

도착했어.

그런데 지금 우릴 어디로 데려가는 거야?

엥? 당연히 용궁에서 가장 먼저 인사를 드려야 할 분께 가는 거지.

앗! 그렇다면 그분은!

용왕님?

바로 여기야! 용왕님이 계신 곳!

열대 지방처럼 기후 차가 없는 곳에서 자라는 나무에는 나이테가 생기지 않아요. 나이테는 보통 1년마다 하나씩 생겨 나무의 나이를 알 수 있어요.

005
늑대는 갯과,
호랑이는 고양잇과에 속한다.

정말 잘했다.

그런데 처음 보는 아이들도 함께 왔구나?

흐흐, 용왕님도 우리가 생각했던 모습이랑은 아주 다르군.

예, 아버님. 이 친구들은 OX 퀴즈를 정말 잘 푸는 육지의 아이들이옵니다.

그런 것 같구나. 조금 전에도 쉽게 한 문제를 풀더구나.

보호막을 다시 생성하는 데 큰 도움이 되겠어.

용왕님과 쭈꾸랑 왕자가 정말 똑같이 생겼어.

그러게. 정말 닮았어!

흠, 그런데 용궁의 보호막은 어쩌다 파괴된 거죠?

갯과 동물은 긴 주둥이와 강한 턱을 가지고 무리 지어 생활하고, 고양잇과 동물은 짧고 강력한 턱과 발톱을 가지고 독립적으로 생활해요. 생김새를 생각하면 쉽게 구분할 수 있어요.

이제는 퀴즈를 열심히 풀어 보호막을 다시 만들 것이오!

뭐야? 지금까지 우리가 다 풀었거든.

그것보다 낙지와 주꾸미의 사랑이라니 놀라운걸?

갯벌왕국의 왕족은 낙지인가 봐.

낙랑 공주는 바다가 위험에 빠진 이후, 갯벌왕국의 국왕인 낙왕님의 명을 받고 용궁에 왔어.

낙왕님은 낙랑 공주의 아버지이기도 하지.

이번에 돌연변이를 막고 보호막을 설치해 용궁에 평화를 되찾으면!

용왕님과 낙왕님이 낙랑 공주와 나의 혼인을 허락해 주기로 하셨어!

무슨 일이 있어도 용궁과 바다를 꼭 지켜내겠어!

오오! 쭈꾸랑 왕자, 로맨틱하다.

위잉~ 위잉~ 위잉~ 위잉~ 위잉~

앗! 갑자기 무슨 소리지?

국회의사당 전면에서 보이는 기둥 8개는 우리나라 전국 8도를, 의사당을 둘러싸고 있는 24개의 기둥은 24절기를 상징하며 국민의 다양한 의견을 뜻해요. 그리고 돔 모양 지붕은 찬반 토론을 거쳐 하나의 결론으로 모아진다는 의회민주정치의 본질을 상징해요.

정답 : O

007

하루 동안 밀물과 썰물은 각각 한 번씩 볼 수 있다.

그 뒤에도 수없이 많은 것들이 다가오고 있잖아!

위잉

위잉

위잉

위잉

위잉

용궁의 방어막이 파괴된 걸 알고 있는 게 분명해.

용궁으로 곧장 공격해 올 거야!

용궁에 도착하기 전에 나가서 막아야 해. 서둘러야겠군.

공주! 위험하오! 저것들은 내가 막겠소. 공주는 용궁 안에서….

힉

척

….

왜… 왜 그러시오?

중요한 걸 잠시 잊으신 것 같아서요.

지난번 바다생물전투대회에서 왕자님은 몇 등을 했었죠?

그게… 134등 아니… 135등이었나?

돌연변이를 막고 용궁에 평화를 가져올 거라며….

밀물은 바닷물이 육지 쪽으로 밀려 들어오는 것이고, 썰물은 바닷물이 바다 쪽으로 빠져나가는 것을 말해요. 밀물과 썰물은 약 6시간 간격으로 일어나게 되므로, 하루 동안 밀물과 썰물은 각각 두 번씩 볼 수 있어요.

정답 : X

29

008
조선 시대 호패는
남녀 누구나 가질 수 있었다.

후후! 제법 용감한 아이들이구나!

좋아! 우리도 도울게!

알았어! 내가 앞장설 테니 다들 따라와!

후다닥

밖으로 나가는 빠르고 특별한 길이 있으니까.

나 궁금한 게 있는데 말이야.

응?

용왕님의 호위군 말고 왜 다른 전사들은 아무도 보이질 않는 거야?

그건... 보호막을 파괴한 돌연변이, 그놈 때문이야.

변신술에 능하다는 그 돌연변이?

변신술에만 능한 게 아니었어?

응. 전투력 또한 엄청났지.

호패는 16세 이상 남자들에게만 주었던 조선 시대 신분증이에요. 앞면에는 이름, 나이, 태어난 해의 간지 등이 새겨져 있고, 뒷면에는 해당 관아의 낙인이 찍혀 있었어요.

특별한 터널?

돌연변이들과 맨손으로 싸울 수는 없잖아.

찡긋

지이잉

이 터널을 지나는 동안 인공 지능이 신체 조건에 맞는 무기를 착용시켜 줄 거야.

척

그럼 나부터 내려갈게.

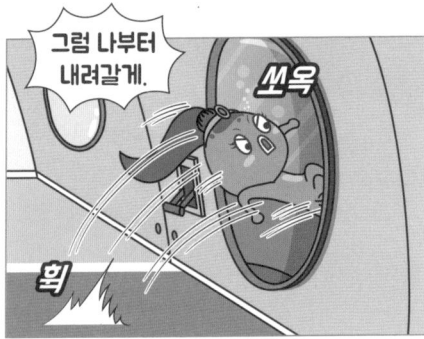

쏘옥

휙

후후~, 어떤 무기를 줄지 기대되는군.

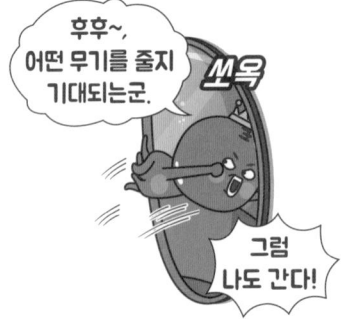

쏘옥

그럼 나도 간다!

우리도 내려가자!

폴짝

용궁 안은 걱정 안 해도 되겠지?

장수와 건강을 상징하는 십장생은 해, 산, 물, 돌, 달 또는 구름, 소나무, 불로초, 거북, 두루미(학), 사슴을 말해요. 용은 왕을 상징하는 것으로 궁궐 곳곳에 용 문양이 많이 사용되었어요.

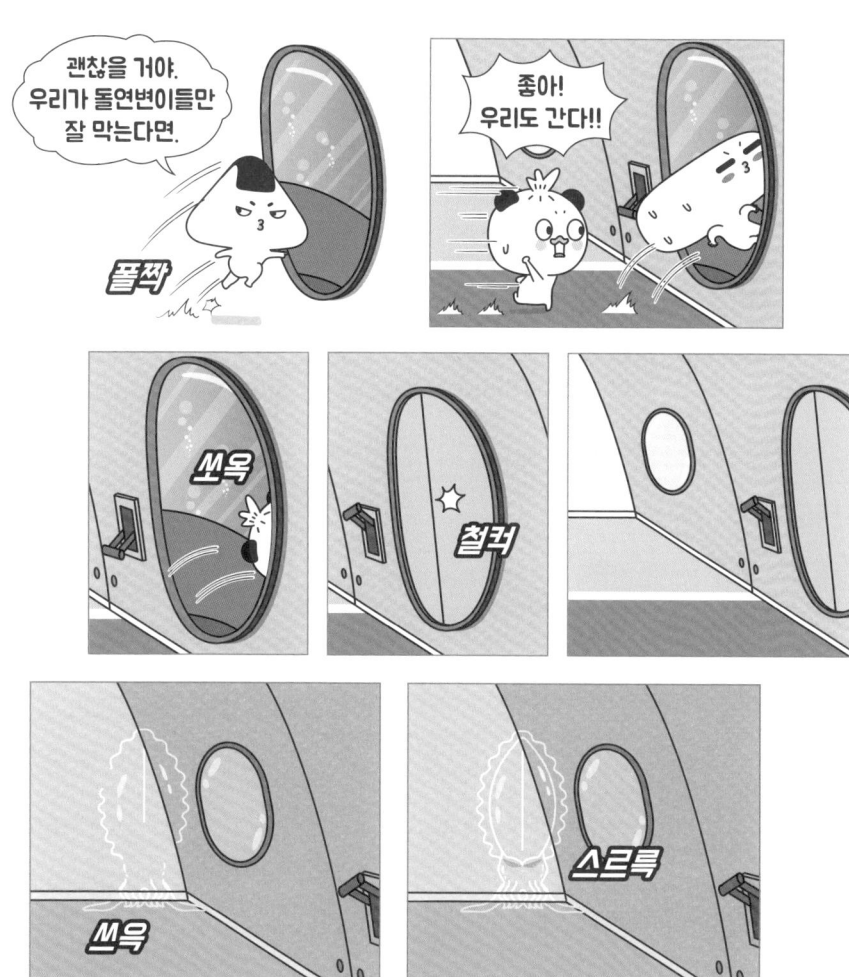

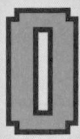

010

태양계 행성 중
가장 큰 행성은 토성이다.

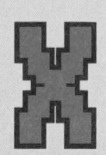

태양계 행성을 크기 순서대로 나열하면 목성, 토성, 천왕성, 해왕성, 지구, 금성, 화성, 수성 순으로 가장 큰 행성은 토성이 아니라 목성이랍니다.

사슴은 매년 뿔이 빠졌다가 다시 자란다.

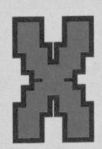

우리 모두 바다 생물들의 특별한 능력을 갖게 되었어.

지직

그렇긴 한데 말이야….

이거 왠지 우리가 돌연변이가 된 느낌이야.

정말이네….

후후, 걱정하지 마. 전투나 위기 상황에서만 모습이 변하고, 평소에는 원래 모습으로 돌아갈 테니까.

그런데 쭈꾸랑 왕자는 어디에 있지?

휙 휙

저기 뒤에 있잖아.

내가 더 빨리 내려왔었거든.

쭈뻑

쭈뻑

수사슴은 생후 1년이 지나면서 뿔이 자라기 시작해요. 뿔은 매년 봄에 빠졌다가 다시 6개월 정도 자라 가을이 되면 완전한 모습으로 자라나요. 하지만 암사슴은 뿔이 없 답니다.

정답 : O

여자 목소리가 남자 목소리보다 더 먼 곳까지 들린다.

왕자님, 너무 실망하지 마세요. 분명 이유가 있을 거예요.

이유라….

그런데 그것보다 더 이상한 게 있어.

또 뭐가?

용궁 밖 바다도 좀 이상한 것 같아.

용궁이야 돌연변이의 공격으로 전사들이 없다지만, 용궁 밖에도 물고기들이 거의 보이질 않잖아.

앗! 정말이네? 물고기들이 안 보여.

어쩌면 벌써 돌연변이들이 용궁 밖 물고기들까지 공격한 게 아닐까?

그보다 더 이상한 점이 있을 텐데?

지금은 한겨울이야.

보통 여자의 목소리는 고음으로 주파수가 높고, 남자의 목소리는 중저음으로 주파수가 낮아요. 낮은 주파수의 소리가 더 멀리 전달되기 때문에 남자의 목소리가 더 먼 곳까지 들리게 된답니다.

정답 : X

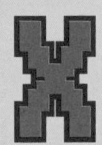

큰곰자리의 허리와 꼬리에 위치한 국자 모양 7개의 별 북두칠성은 지구의 자전 때문에 북극성을 중심으로 원을 따라 반시계(시계 반대) 방향으로 움직여요.

014
올림픽에서 마라톤 거리는 처음부터 42.195km였다.

제1회 아테네 올림픽부터 앤트워프 올림픽 때까지 마라톤은 정해진 거리가 없어 40 ㎞ 정도를 달렸어요. 그러다 런던 올림픽을 계기로 공식 마라톤 거리가 42.195㎞로 정해졌고, 제8회 파리 올림픽 때부터 마라톤을 42.195㎞로 뛰게 되었어요.

정답 : X

015
고래는 한쪽 뇌씩 번갈아 가며 잠을 잔다.

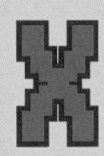

물 밖에서 숨을 쉬어야 하는 고래는 잠을 잘 때 한쪽 뇌씩 잠을 자요. 한쪽 뇌가 쉬는 동안 다른 한쪽 뇌가 깨어나 일을 하지요. 그래서 고래는 자면서도 주기적으로 숨을 쉬러 물 위로 올라올 수 있는 거예요.

정답 : O

016
원숭이에게도 사람처럼 지문이 있다.

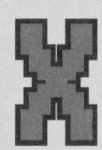

걱정 마. 낙랑 공주는 연체동물 최강의 회피 능력도 지니고 있으니까!

이번엔 내 차례다!

간다!

지문은 손가락 끝마디 안쪽에 있는 살갗의 무늬로 사람마다 다르며 그 모양이 평생 변하지 않아서 개인 식별이 가능해요. 원숭이도 사람처럼 각각의 개체마다 고유한 지문을 가지고 있어요.

정답 : O

47

017

네덜란드의 3대 상징물은
나막신, 튤립, 풍차이다.

어떠냐?
낙랑 공주와 나의
콤비 플레이가!

엥? 콤비?
낙랑 공주 혼자서
다 한 것 같은데?

무슨 소리!
공주의 싸움 기술과 나의
해설이 정말 멋지게
어우러졌다고.

꿍…,
말을 말자.

하지만 문제는 이제 겨우
두 마리를 쓰러트렸다는 거야.

돌연변이는
아직도 엄청나게
많다고!

어쨌든 공주가
전투대회에서
우승했다는 건
믿어져.

큰일 났어!
한꺼번에 덤벼든다!!

네덜란드는 바다보다 땅이 낮아 물이 많이 차는 지형으로 옛날부터 풍차를 사용해 물을 퍼내야 했어요. 나막신은 이런 질척한 땅에서 신기에 적당한 신발이었지요. 이 때문에 네덜란드 하면 풍차, 나막신과 함께 국화인 튤립을 떠올리게 되지요.

정답 : O

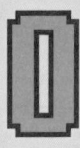

018
목이 긴 기린은 사람보다
목뼈 개수가 많다.

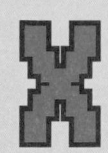

새로운 기술?

이런 상황을 대비해 꾸준히 연마했지.

쪽

쪽

만들어져라, 토네이도!

빙글

빙글

낙랑 공주가 빠르게 회전하고 있어!

화들짝

꾸물

꾸물

빵아

쑥

빙글

빙글

빙글

빙글

빙글

기린의 목뼈와 사람의 목뼈 개수는 7개로 같아요. 목이 길다고 해서 목뼈의 개수가
늘어나는 것이 아니라 목뼈의 길이가 더 길어진다고 해요.

019

오징어와 게의 다리는 각각 10개씩이다.

게는 한 쌍의 집게발과 네 쌍의 걷는 다리를 가지고 있고, 오징어는 한 쌍의 촉완과
네 쌍의 다리를 가지고 있어요. 그러나 문어와 낙지의 다리는 8개랍니다.

정답 : O

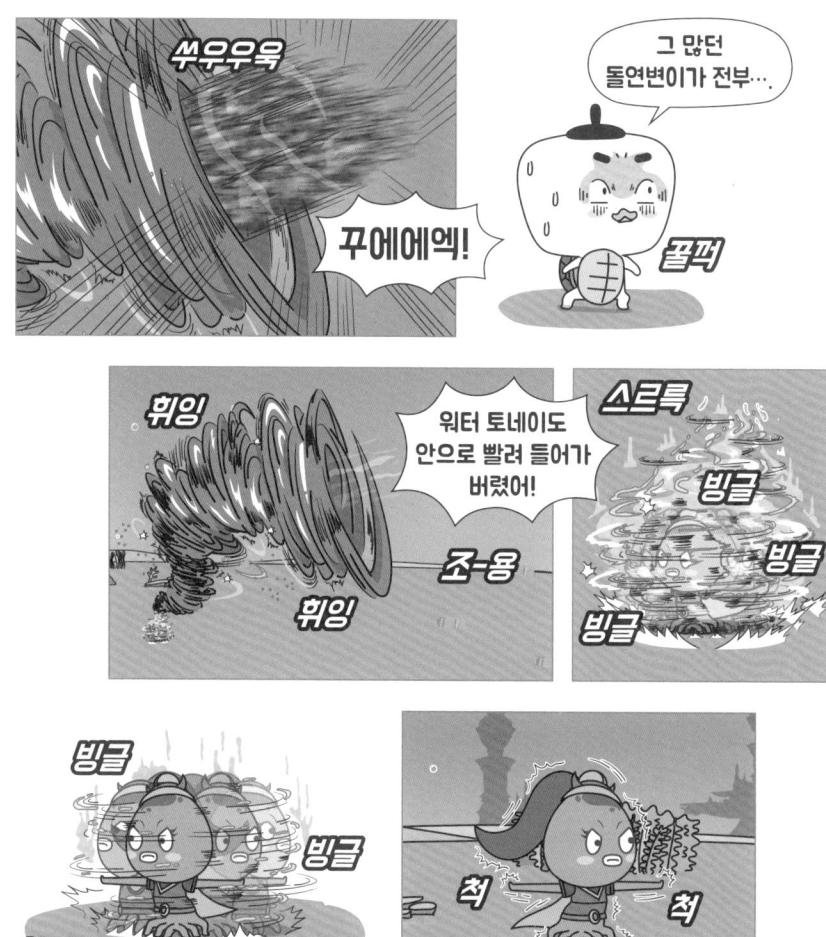

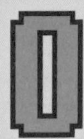

020

빵은 포르투갈어에서 왔다.

휴~, 실전에서도 효과가 있군.

미안해. 의욕이 앞서서 혼자서 끝내 버렸어.

오잉?

뜨아아아아아악

말도 안 돼!

...

저, 저 정도면 바닷속 최강이 아니라 지구 아니 우주 최강이겠어.

저 많은 돌연변이를 단번에 해치우다니!

쭈꾸랑 왕자, 넌 왜 놀라는 거야?

흠흠, 어떠냐? 공주님의 실력이!

나도 저 정도로 강한 줄 몰랐다고.

빵을 순우리말로 알고 있는 경우가 많아요. 하지만 빵은 포르투갈어에서 유래된 외래어랍니다. 우리가 자주 먹는 라면도 중국어에서 유래된 것으로 일본에서는 라멘이라고 불러요.

정답 : O

학급 반장이
옛날 서당에도 있었다.

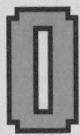
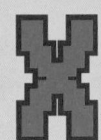

다시 용궁으로 돌아가자.

가서 용왕님께 돌연변이들을 물리쳤다고 보고해야지.

응!

얘들아, 우리도 가자.

오잉?

낙랑 공주, 왜 그래?

휙

돌연변이들을 멋지게 물리쳤는데, 표정이 좋지 않은걸?

뭔가 찜찜해서.

사실 저 돌연변이들은 보호막이 견고하게 설치되어 있을 때에도 여러 번 용궁에 쳐들어왔었어.

서당에서는 반장을 '접장'이라고 불렀어요. 접장은 반에서 나이도 많고, 공부도 잘하는 사람을 뽑았다고 해요. 때때로 훈장을 대신해 친구들을 가르치기도 하고, 서당 분위기를 이끄는 중요한 역할을 했어요.

정답 : ○

022

비행기 출발 시간은 활주로에서 바퀴가 떨어지는 이륙 시간을 말한다.

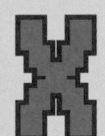

후후, 공주를 얕잡아 본다고?

쿵쿵

쿵쿵

말도 안 되는 소리!

낙랑 공주에게 혼쭐나서 도망간 돌연변이들이 얼마나 많은데!

쿵쿵

쿵쿵

이미 공주의 무서움은 돌연변이 세계에 쫙 퍼졌을걸?

하긴 얕잡아 볼 상대는 아니지.

엥??

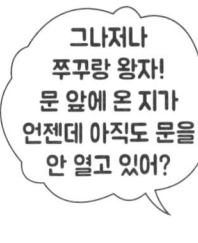

그나저나 쭈꾸랑 왕자! 문 앞에 온 지가 언젠데 아직도 문을 안 열고 있어?

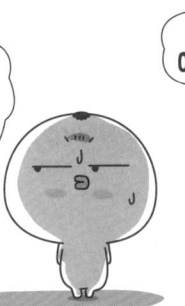

그… 그게 말이야. 이상하게 문이 안 열리네.

뭐야? 문도 못 열 정도로 힘이 없는 거야?

긁적 긁적

다른 교통수단과 달리 비행기의 출발 시간은 비행기가 이륙하는 시간이 아니라 모든
준비를 마치고 비행기가 활주로로 이동하는 시간을 말해요.

정답 : X

본색을 드러낸 돌연변이 징키스

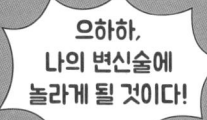

으하하,
나의 변신술에
놀라게 될 것이다!

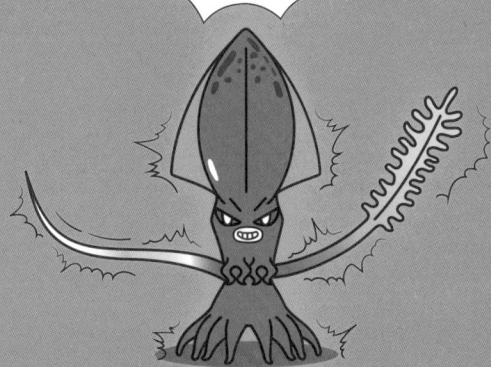

023

펭귄과 북극곰은 한곳에서 살 수 없다.

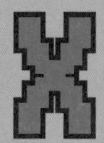

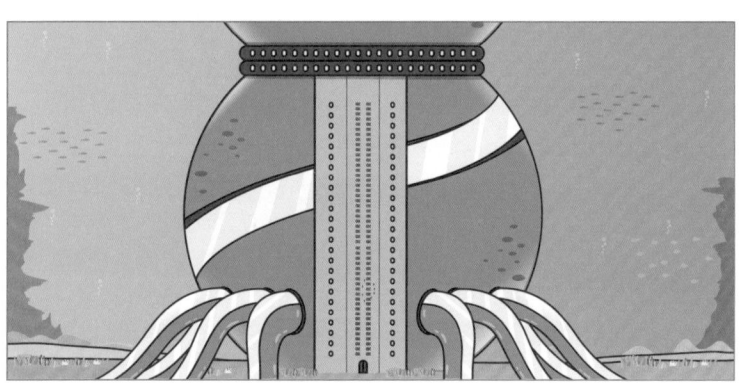

펭귄은 남극에서, 북극곰은 북극에서 살아요. 모두 추운 곳이라 어디서나 두 동물이 잘 살 수 있을 것 같지만, 남극은 북극보다 훨씬 더 춥기 때문에 체온 유지와 먹이 부족으로 북극곰이 살아가기 힘들어요.

정답 : O

024

동화 "백설 공주"에서 백설 공주는 조록 사과를 먹고 잠든다.

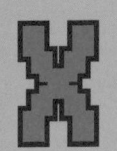

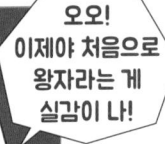

아름다운 백설 공주를 질투하던 왕비가 독이 든 사과를 만들어 백설 공주를 깊은 잠에 빠트리지요. 이때 먹은 사과는 빨간색이에요.

025

사흘은 크일을, 나흘은 4일을 뜻한다.

나도 분명 돌연변이와 관련이 있을 것 같아.

그런데 만약 외부 센서 경보음이 울리지 않고 돌연변이가 나타난 거라면….

그렇다면 답은 하나지!

용궁을 전투 불능 상태로 만들었던….

그 돌연변이가 떠난 게 아니라….

큭! 용궁 안에 조용히 숨어 있었던 거군.

깜짝

앗! 그럼 지금 용왕님이 위험한 상황이잖아.

저기 용왕님 방이야! 빨리 구해야 해!

흥분하지 마. 그렇다고 꼭 위험한 상황이라고 단정 지을 순 없어.

우리말로 날짜를 셀 때는 1일부터 10일까지 순서대로 하루(1일), 이틀(2일), 사흘(3일), 나흘(4일), 닷새(5일), 엿새(6일), 이레(7일), 여드레(8일), 아흐레(9일), 열흘(10일)이라고 하면 돼요.

정답 : O

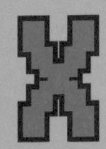

026
하마는 자외선 차단제가 몸에서 나온다.

게다가 복어 호위군의 몸에 박힌 가시에 살짝이라도 찔리면 큰 고통을 느끼게 되지.

또, 복어 호위군의 해초창은 그 누구도 맨손으로 막을 수 없어.

저… 쭈꾸랑 왕자. 아무래도 방문 앞을 좀 봐야 할 것 같은데.

방문 앞?

헉

아니! 복어 호위군이!

깜짝

쓰러져 있잖아!

큰일이 생긴 건가? 어서 용왕님께 가 보자.

하마는 피부를 보호하기 위해 끈적끈적한 히포수도르산이란 자외선 차단제 역할을 하는 분비물을 내보내요. 이 분비물은 색소 때문에 분홍색 혹은 붉은색을 띠는데, 이것 때문에 하마는 피땀을 흘린다고도 해요.

정답 : O

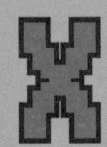

역시 보이질 않아! 용왕님이 사라졌어!

으으으으….

앗! 낙랑 공주 옆에 아직 의식이 있는 복어 호위군이 있어!

호위군! 괜찮아? 이게 도대체 어떻게 된 일이야?

그… 그게 돌연변이가 나타나서는….

저희 복어 호위군을 모두 쓰러트리고 용왕님을….

통발 감옥으로 데리고 갔습니다.

역시 돌연변이가 나타난 거였군.

7, 17, 27, 37, 47, 57, 67, 70, 71, 72, 73, 74, 75, 76, 77, 78, 79, 87, 97로 77에 7이 2개 들어 있어 총 20개가 들어가게 되지요.

028
왼손잡이는 왼손 손톱이 더 빨리 자란다.

그리고 바닥에 쓰러진 여덟 명…

철컥

그렇다면 방금 나와 대화한 호위군은 도대체 누구지?

휙

차아아아악

킥킥킥킥!

아뿔싸!

휙

손톱은 자극을 많이 받을수록 빨리 자라요. 그래서 많이 쓰는 손의 손톱이 더 빨리 자라게 되지요. 오른손잡이는 오른손 손톱이, 왼손잡이는 왼손 손톱이 더 빨리 자라게 돼요. 손을 많이 쓰는 피아니스트는 일반인보다 더 빨리 자라겠죠.

029

사람처럼 다른 나라 돌고래끼리는 의사소통이 불가능하다.

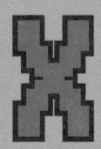

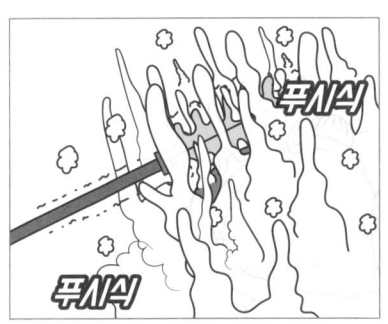

앗! 얘들아! 앞을 봐!

쭈꾸랑 왕자가 공격을 막았어!

척

쭈꾸랑 왕자가 지나간 거였구나!

정말 순식간이었어!

낙랑 공주, 괜찮소?

획

나라마다 다른 언어를 사용하는 사람들처럼 돌고래도 지역마다 소리와 신호 체계가
달라서 다른 지역에 사는 돌고래와는 의사소통이 어려워요. 하지만 서식지가 겹치는
다른 종끼리는 소리 내는 방식을 바꿔 중간 언어로 서로 소통한다고 해요.

030

비행기의 블랙박스 색깔은 검은색이다.

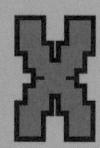

어떻게 된 거지? 나도 모르게 몸이 움직였어.

쭈꾸랑 왕자, 해초창 공격은 맨손으로도 못 막는다며?

후후후! 뭘 이 정도로~.

당연하지! 해초창을 손으로 막는 건 아주 무모한….

멈칫

…

…

화끈 화끈

웁!! 내 팔!

어휴~.

화끈 화끈

폴짝

폴짝

아파! 아파!

…

숨긴 게 아니라 그냥 요행이었나?

비행기에 블랙박스를 설치하는 이유는 자동차처럼 사고에 대비한 것이에요. 블랙박스는 항공 사고 및 사고 조사를 쉽게 하려고 항공기에 부착하는 전자 기록 장치로, 사고 시 눈에 잘 띌 수 있는 밝은 주황색이랍니다.

정답 : X

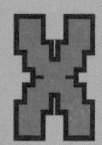

031

베토벤은 독일의 작곡가이고,
피카소는 스페인의 화가이다.

맞아!
저 녀석이야!

변신술을 쓴다더니
정말 감쪽같이 우릴 속였어!

너, 무슨
수를 쓴 거지?

아무리 강력해도
복어 호위군을 모두
쓰러트리는 건
쉽지 않았을 텐데.

아주 쉽던데.
용왕으로 변신해서
진짜 용왕이 가짜라고
혼란을 줬거든.

그랬더니 나랑
진짜 용왕 사이에서
자기들끼리 싸우다가
쓰러지던걸.

자기가 모시는
진짜 용왕도
못 알아보고,
날 진짜라고
믿다니….

씨익

윽! 생각보다
더 치사한 놈이었군.

아!
더 궁금한 게
많을 텐데….

예를 들면
왜 용궁을 점령하고도
숨어서 지냈는지?

저벅

저벅

베토벤은 독일 본에서 태어난 작곡가이자 피아니스트이고, 피카소는 스페인 말라가에서 태어나 프랑스에서 활동한 입체파 화가예요.

032

물고기는 숨겨진 귀가 있다.

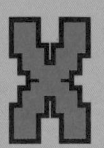

설명해 봐. 왜 그런 거지?

결론부터 말하면 이유는 하나야.

완벽을 추구하는 나, 징키스에게 불안 요소가 남아 있기 때문이었지.

척

그건 바로 낙랑 공주!

항상 궁금했어. 내가 보낸 돌연변이들을 모두 쓰러트린 자의 실력이.

그래서 기다리고 기다렸지.

이상 기후로 나의 돌연변이화가 완벽해질 그때를!

척

앗, 그럼 네가 나타났다는 건….

돌연변이화가 완벽해졌다는 말!

물고기는 소리를 모으는 기관이 없어 귀가 없다고 생각할 수 있어요. 그러나 물고기는 머릿속에 속귀(내이)가 있어 소리를 들을 수 있지요. 또 옆줄과 부레에서 느끼는 진동이나 압력 변화도 소리를 잘 들을 수 있게 돕는답니다.

정답 : O

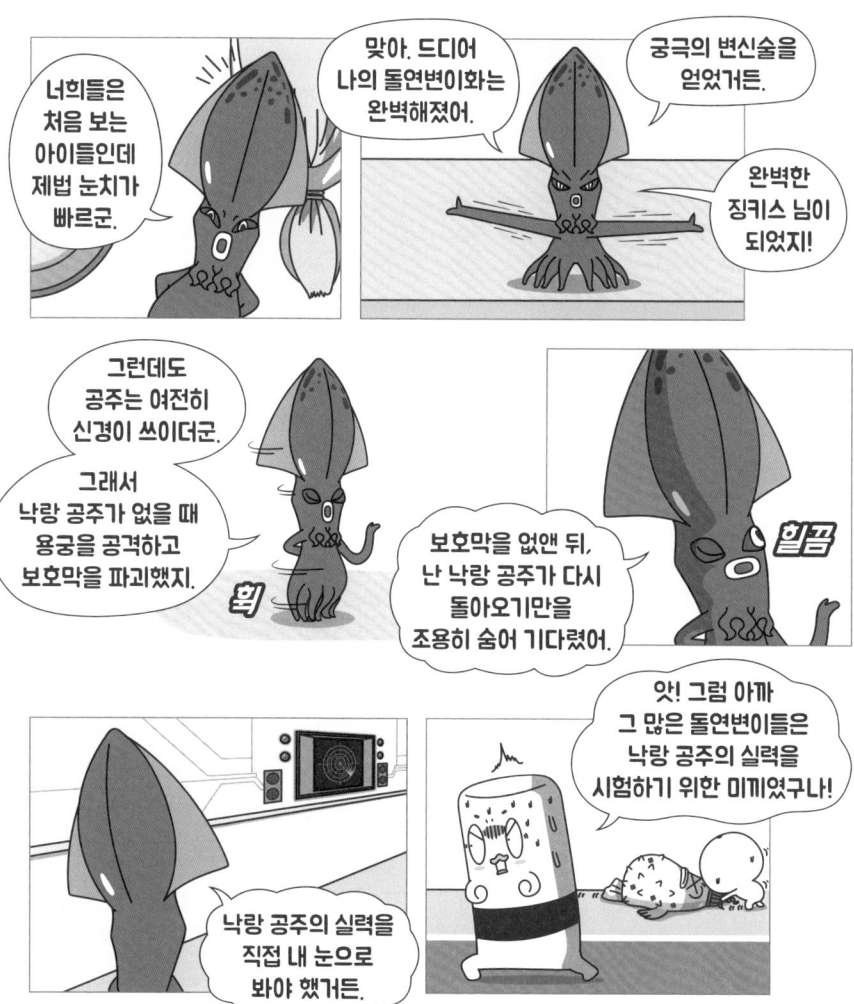

033

월드컵은 3년마다 올림픽은 4년마다 개최된다.

맞아.
낙랑 공주의 실력은
정말 잘 확인했어.

하하! 역시
굉장하더군.

공주를 용궁 밖으로
유인하길 잘했어.

키키킥

복어 호위군과
낙랑 공주를 동시에
상대했다면,
내가 당했을지도
모르지.

헉!
우리가 속았어.

휴~, 이제야
쓰러진 복어 호위군을
안전한 곳으로 모두 옮겼어.

아! 약해 빠진
돌연변이들에게도
장점은 하나 있었는데,
아쉽군.

다른 강한 돌연변이들은
대서양, 인도양, 북극해까지
널리 퍼져 있어서
모으는 데 애를 먹거든.

기동성 하나는
누구보다
뛰어났지.

이게 용궁을 차지한
하나의 이유이기도 해.

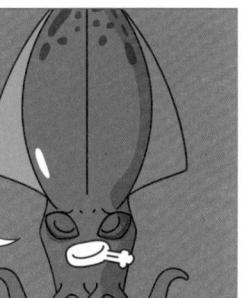

세계 축구 대회인 월드컵은 국제축구연맹(FIFA)이 주관하고, 종합 스포츠 대회인 올림픽은 국제올림픽위원회(IOC)가 주관하며, 하계 올림픽과 동계 올림픽으로 나뉘지요. 이 대회들은 모두 4년마다 개최된답니다.

정답 : X

034

모든 게는 옆으로 걷는다.

앗! 낙랑 공주!

나도 봤어.

그럼 마지막 보너스로 하나 더 알려 주지!

내가 이렇게 친절하게 모든 걸 설명하는 이유야.

저 녀석 아까부터 레이더를 계속 보고 있었어!

훅

위잉

위잉

위잉

위잉

위잉

위잉

위잉

위잉

흐흐, 도착했군!

드디어 강한 돌연변이들이 모두 이곳에 모였군.

일반적으로 게는 길쭉한 몸통 옆에 다리가 붙어 있고 다리와 다리 사이가 좁아 옆으로 걸어요. 하지만 밤톨 모양 몸통을 가진 밤게는 두 집게발을 다른 발과 함께 움직이며 앞으로 걷는답니다.

035
비행기가 날면서 만든 비행운은 얼음 결정이다.

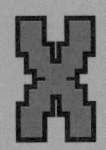

비행기의 자취를 따라 생기는 구름을 비행운, 비행기구름이라고 불러요. 이 구름은 연료가 연소되며 배출된 배기가스 속 수증기가 높은 고도에서 찬 공기와 만나 얼음 결정으로 변한 것이랍니다.

정답 : O

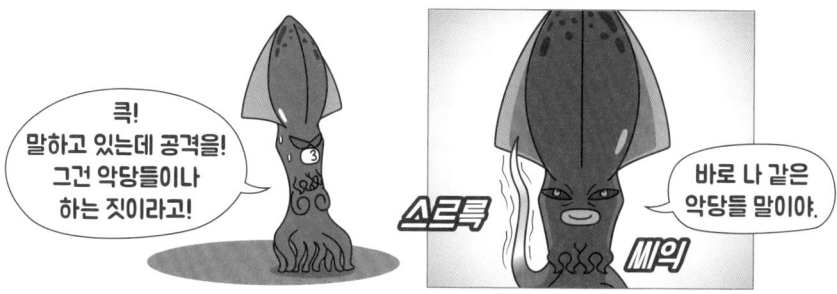

036

태양, 지구, 달의 크기는 태양>달>지구 순으로 크다.

어, 어떻게 막은 거지?

징키스의 팔이 해파리 촉수 채찍으로 변했어.

이럴 수가! 저건 공주의 무기잖아!

말도 안 돼!

이제야 궁금한가? 설명을 잘 들었어야지. 공격부터 하니까 설명을 못 했잖아.

내가 말한 궁극의 변신술에 대해서 말이야.

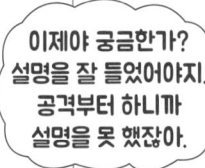

태양의 반지름 696,340㎞, 지구의 반지름 6,371㎞, 달의 반지름 1,737.4㎞로 태양이 가장 크고, 뒤를 이어 지구, 달 순으로 크기가 크답니다.

정답 : X

037

얼룩말은 검은색 바탕에 흰색 줄무늬를 가졌다.

복어 호위군의 해초창 능력까지 습득해 버렸지 뭐야.

자~, 전투를 다시 시작해 볼까! 다른 돌연변이들이 들어올 시간이 필요하거든.

위잉

해초창까지 복제해 버리다니!

위잉

위잉

척

척

이거… 용궁 밖 돌연변이들이 문제가 아닌 것 같은데.

빨리 끝내야 해! 다시 간다!

낙랑 공주 비키시오!

꿀꺽

착

앗! 쭈꾸랑 왕자!

내가 해결하는 수밖에!

이번에도 아까처럼 대단한 힘이 나올지도 몰라!

척

얼룩말의 피부색은 검은색으로 얼룩말은 검은색 바탕에 흰색 줄무늬를 가졌어요. 흰색 줄무늬는 사람의 지문처럼 얼룩말 각각의 개체마다 다른 패턴을 가지고 있지요.

정답 : O

038
어두운 곳에서 책을 읽으면 눈이 나빠진다.

용왕님과 낙왕님이 말한 때가 오려면 아직 시간이 좀 더 걸리겠군.

이… 이게 아닌데….

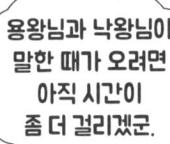

쿠구구구궁

흔들 흔들

아얏!

휘청

휘청

뭐, 뭐야? 방금 용궁이 크게 흔들렸어!

뭔가에 부딪힌 것 같았어!

드디어 돌연변이들이 용궁 앞에 도착한 모양이군.

끙~, 이렇게 시끄러운 걸 보니 그 돌연변이가….

뭐, 들어오려면 어쩔 수 없지.

쿠구구구궁

척

흔들

흔들

어두운 곳에서 책을 읽으면 눈 주변 근육이 긴장되어 피로도가 높아질 수 있어요. 눈이 나빠지는 것은 아니지만, 적절한 밝기에서 책을 읽는 것이 눈 건강에 도움이 되지요.

039
달에서는 지구보다 더 높이 뛸 수 있다.

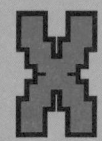

달의 중력은 지구의 약 6분의 1밖에 되지 않아서 지구보다 훨씬 높이 뛸 수 있어요. 또 물건을 들 때도 지구보다 손쉽게 들어 올릴 수 있지요. 지구에서 60kg을 가진 물건이 달에서는 10kg 정도로 가벼워지기 때문이에요.

정답 : O

95

대양에서 온 돌연변이들

040
비행기 날개 곳곳에 피뢰침이 있다.

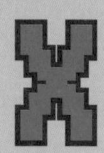

어서! 우린 지금 퀴즈까지 풀고 있단 말이야.

낙랑 공주는 강해! 믿고 나가자. 바다에서 전투를 하려면 네가 필요해!

큭!

공주님, 조금만 더 버티시오!

금방 돌연변이들을 처리하고 돌아오겠소!

휙

빨리 가자!

응!

후다닥

저들끼리 돌연변이들을 정말 막을 수 있다고 생각하는 거야?

저 아이들이 돌연변이들을 꼭 이길 필요는 없어.

캉

휘이익

비행기가 벼락을 맞으면 강한 전류가 기체 표면을 따라 순식간에 퍼지게 돼요. 하지만 날개 곳곳에 설치된 피뢰침이 전류를 공중으로 흘려 버려 승객들은 벼락을 맞은 것도 알지 못해요. 이런 피뢰침은 주 날개와 꼬리 날개에 수십여 개가 있어요.

041

미국의 수도는 뉴욕이다.

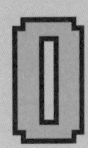
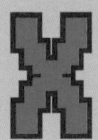

뉴욕이 워낙 유명한 도시라 당연히 미국의 수도라고 생각할 수 있어요. 그러나 미국의 수도는 '워싱턴 D.C.'예요. 비슷한 예로 오스트레일리아의 수도를 시드니로 착각하는데, 오스트레일리아의 수도는 '캔버라'랍니다.

042

코끼리는 점프할 수 없다.

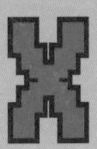

코끼리는 굵고 곧은 다리와 평평한 발바닥을 가지고 있어서 무거운 몸을 지탱하기에는 좋지만, 유연하지 못해 점프하기에는 적합하지 않아요. 또한 수 톤이 넘는 거대한 체구로 점프한다고 해도 착지할 때 생기는 충격을 다리가 감당할 수 없습니다.

정답 : O

043

천 원권 지폐에 율곡 이이의 조상화가 그려져 있다.

흐흐, 이 망치로 못 부수는 건 없지.

앗! 저 모습은 바다생물도감에서 봤던….

엥? 넌 무슨 돌연변이냐?

머리가 망치 모양이 특징인 바로 귀상어야!

그만둬! 귀상어!

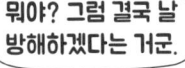

끙. 난 돌연변이가 아니라….

용궁을 지키기 위해 온 참이라고!

뭐야? 그럼 결국 날 방해하겠다는 거군.

대한민국 지폐 천 원권에는 퇴계 이황이, 오천 원권에는 율곡 이이가, 만 원권에는 세종대왕이, 오만 원권에는 신사임당의 초상화가 그려져 있어요. 또 백 원 동전 앞면에는 이순신 장군이 새겨져 있답니다.

044

에펠탑은 여름에 더 높아진다.

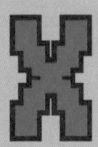

금속으로 만든 에펠탑은 기온에 영향을 많이 받아 여름에는 팽창하고 겨울에는 수축하게 돼요. 그래서 여름에는 팽창하여 높이가 높아지고, 겨울에는 수축하여 높이가 낮아진답니다.

정답 : O

045

파리는 앞발로 맛을 느낀다.

파리가 앞발을 비비는 모습을 본 적이 있을 거예요. 파리는 앞발에 냄새를 맡는 후각 기관과 맛을 느끼는 미각 기관이 있어서 앞발을 비벼 자주 청소해요. 그래야 맛있는 먹이를 잘 찾을 수 있겠죠.

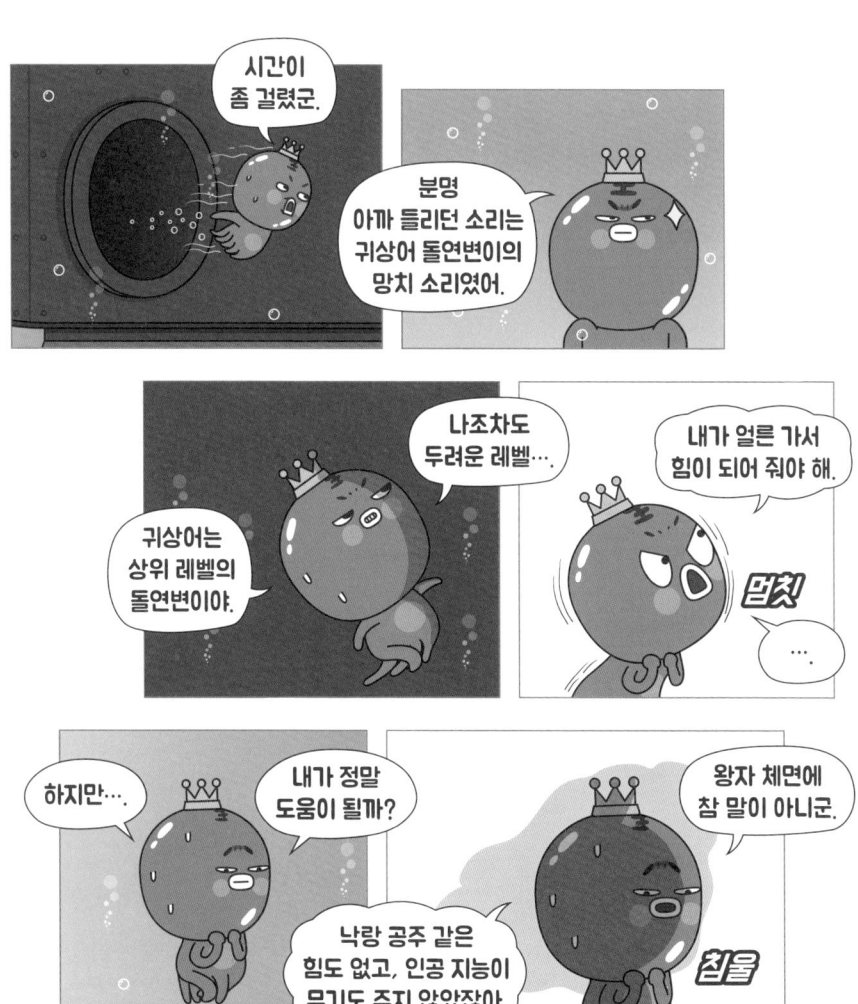

046

달은 빛을 스스로 낼 수 있다.

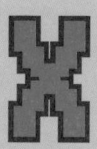

110

달은 스스로 빛을 내지 않아요. 달은 햇빛을 반사해 빛을 내는 것처럼 보이는 거예요. 달의 모양이 계속 변하는 것도 지구 주위를 공전하며 햇빛을 반사하는 각도가 달라지기 때문이랍니다.

정답 : X

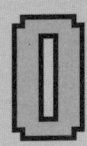

047
농구 경기에서는
3명이 한 팀이 된다.

농구는 5명이 한 팀이 되어 진행되는 경기예요. 농구 경기는 보통 4쿼터로, 각 쿼터는 10분씩 진행돼요. 쿼터 사이에는 2분 휴식하고, 전반전과 후반전 사이에는 하프타임으로 12분을 쉬게 된답니다.

048

벌은 눈이 3개이다.

 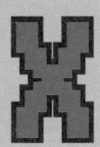

이제야 알겠어! 너흰 엄청난 모험을 많이 해 본 아이들이란걸.

무서운 적 앞에서도 천진난만한 표정을 지었던 것도 사실 강하기 때문이었어.

드… 들켰군, 후후.

그래도 그 정도까진 아닌데….

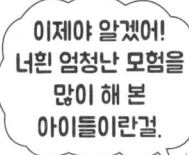  

아 참! 쭈꾸랑 왕자, 도대체 어딜 다녀온 거야?

설마 정말 숨어 있다가 온 건 아니겠지?

아니거든! 이래 봬도 명색이 용궁의 왕자라고.

뽈뽈뽈

 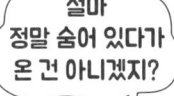  

돌연변이들 몰래 통발 감옥에 갇힌 아버님을 은신처에 모셔다드렸어.

뽈뽈뽈

와! 왕자답다.

징키스도 모르게 은밀히 움직여야 해서 우리에게까지 비밀로 한 거구나.

벌은 좌우에 2개의 겹눈과 머리 부분에 3개의 홑눈이 있어 모두 5개의 눈을 가졌어요. 겹눈으로 사물의 형태와 색깔을 인식하고, 홑눈으로 주변 빛의 색 변화를 감지해요.

정답 : X

049

바나나는 나무가 아니라 풀이다.

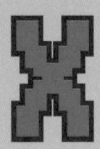

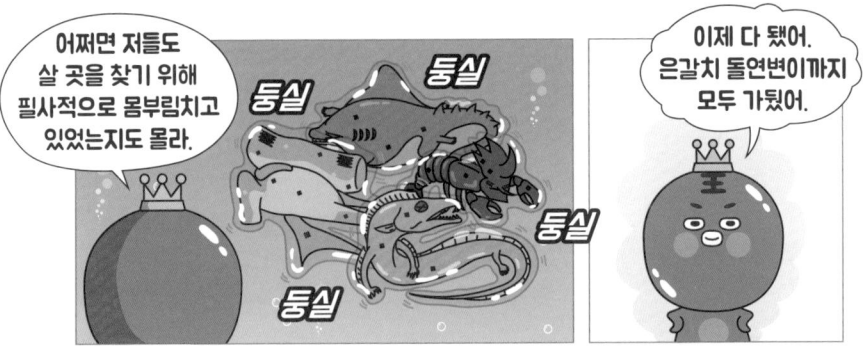

어쩌면 저들도 살 곳을 찾기 위해 필사적으로 몸부림치고 있었는지도 몰라.

둥실 둥실 둥실 둥실

이제 다 됐어. 은갈치 돌연변이까지 모두 가뒀어.

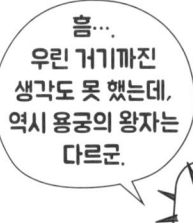

흠…. 우린 거기까진 생각도 못 했는데, 역시 용궁의 왕자는 다르군.

아! 그런데 저들은 어떻게 다시 되돌려 놓을 수 있어? 용궁의 왕자!

그건 말이야!

용왕님이 아시지 않을까? 히히~

….

다시 대책 없는 쭈꾸랑 왕자로 돌아왔군.

바나나는 10m까지 자라고 줄기도 단단해서 당연히 나무라고 생각했을 거예요. 하지만 바나나는 잎의 맨 아랫부분을 보면 잎이 돌돌 감긴 형태를 가진 여러해살이풀이에요. 뿌리를 잘라 심으면 어린줄기가 자라 바나나가 열려요.

정답 : O

050
낙타의 등에 있는 혹은
물을 저장하는 데 사용된다.

크윽!

퍼억

으아악!
쭈꾸랑 왕자!

어떤 놈이야?

버럭

휙

큭! 아직도
돌연변이가 남은 거야?

휙

아직도라니?
이제부터가 진짠데.

두-둥

설마 쟤들이
전부라고
생각한 거야?

약한 상위 랭커들을
쓰러트리고 승리에 취해
있었나 보군.

낙타의 혹은 물 저장소가 아니라 지방 저장소예요. 혹에 지방을 저장해 두었다가 먹이가 없을 때 지방을 분해해 에너지를 공급하지요. 또 낙타는 한 번에 많은 양의 물을 마시고 체내에 저장할 수 있어 먹이와 물 없이도 오랜 기간 견딜 수 있답니다.

정답 : X

119

051

플라스틱 쓰레기는 종류에 따라 분해되는 데 500년 이상 걸린다.

 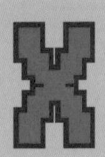

큭!

두야야, 쭈꾸랑 왕자는 어때?

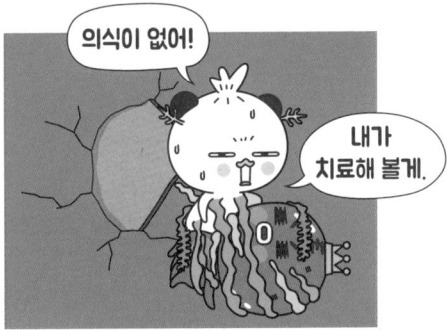

의식이 없어!

내가 치료해 볼게.

큭! 나를 구하려다….

울먹

울먹

내가 꼭 낫게 할 거야.

호오~, 살아 있다니 운이 좋은걸.

부들

큭…, 너희들….

부들

부들

부들

편리함을 위해 사람들이 만들어 낸 쓰레기가 지구 곳곳을 가득 채우고 있어요. 쓰레기가 분해되는 데 우유갑이 5년, 나무젓가락이 20년, 플라스틱이 종류에 따라 500년 이상 걸린다니 제대로 분리수거하고 쓰레기를 줄이려 함께 노력해요.

정답 : O

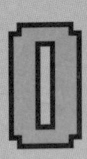

052
우주에서 바라본 지구는 초록색이다.

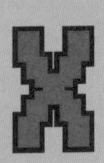

어이~, 거기 돌연변이들! 나 좀 볼래?

에베베베~.

찰싹 찰싹

뿡뿡

메롱~. 메롱~.

방귀 뿡뿡~.

빨리 도망쳐야겠다. 어디 따라올 테면 따라와 봐.

역시 래야는 놀리는 데는 명불허전이야.

실력이 더 좋아진 것 같지?

아이고~, 무서워 죽겠네.

씰룩 씰룩

됐어! 얘들아, 어서 내려가자!

휙

저건 누가 봐도 따라오라는 유인책이잖아.

킥킥, 재미있을 것 같은데. 유인당해 주자!

지구는 70% 이상이 바다(물)로 덮여 있어요. 바닷물은 햇빛을 흡수, 산란시켜 우주에서 바라보면 푸른색으로 보이게 한답니다.

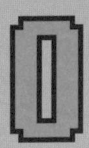

053

겨울에는 해가 더 빨리 뜬다.

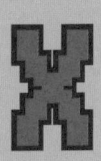

붕

큭!

어디 한번
피해 보시지!

그걸 피하긴
왜 피해!

빙글

쓰윽

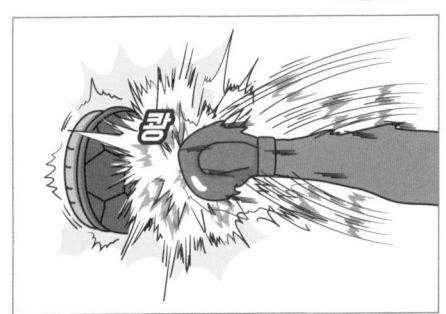

쾅

휘릭

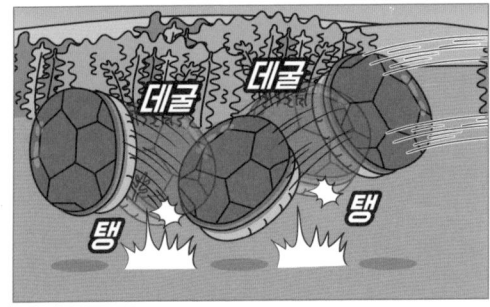

데굴

데굴

탱

탱

난 하나도
안 아프지롱~.

팡

지구는 23.5도 기울어진 채 태양 주위를 돌아요. 여름에는 태양 쪽에 가까이 있어서 해가 일찍 뜨고 오래 떠 있지만, 겨울에는 태양 쪽에서 조금 더 멀어져 해가 늦게 뜨고 빨리 지게 되지요.

정답 : X

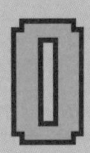

054

북극곰의 피부색은 검은색이다.

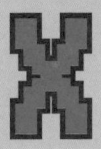

북극곰의 흰털은 주변 환경과 어우러져 적으로부터 자신을 보호하는 역할을 하고, 검은색 피부는 햇빛을 더 많이 흡수할 수 있게 도와 체온 유지에 도움을 줘요. 북극곰은 겉과 속이 완전히 반대랍니다.

정답 : O

055
북한의 화폐 단위도
우리나라와 같은 '원'이다.

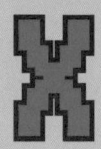

래야야! 쎄세야!

크아악!

우당탕탕

애들아, 괜찮아?

휴~, 쎄세의 집게발 덕분에 큰 충격은 막았어.

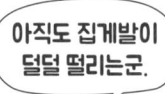

아직도 집게발이 덜덜 떨리는군.

이거 아깝군. 집게발만 아니었으면 끝장을 볼 수 있었는데!

북한은 화폐 단위로 '원'과 '전'을 사용해요. 지폐는 오천 원권부터 오 원권까지 다양하며, 동전은 1전, 5전, 10전, 50전이 사용돼요. 하지만 돈의 가치가 떨어져 전은 거의 사용되지 않아요. 지폐를 동전으로 바꿔 새롭게 발행되기도 했어요.

056

덕수궁에는 고종이
커피를 마시던 공간이 있다.

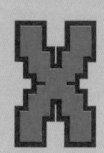

커피를 즐기던 고종은 덕수궁 안에 정관헌이라는 건물을 세우고 이곳에서 커피를 즐겼다고 해요. 정관헌은 서양식 건축물 양식에 한국의 전통 건축 양식을 더해 만들어졌어요.

정답 : 0

 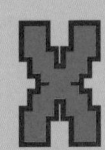

057

토마토와 오이는
식물학적으로 채소이다.

휴~,
벌써 퀴즈도
반 이상 풀었어.

그나저나
최상위 랭커들이라더니
역시 만만치 않아.

으으으….

앗!
쭈꾸랑 왕자,
정신이 들어?

어떻게 된 거지?

최상위 랭커의 공격을
네가 막아 줬어.

네가 기절한 뒤,
내 능력을 이용해서
치료 중이야.

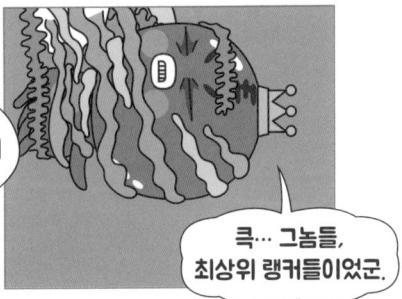

큭… 그놈들,
최상위 랭커들이었군.

식물학적으로 과일은 씨앗을 가진 식물의 열매를 말해요. 토마토와 오이는 씨를 품고 있어 식물학적으로는 과일이라고 할 수 있어요. 하지만 요리적으로는 맛과 용도를 따져 볼 때 채소라고 할 수 있지요.

정답 : X

058
지구는 매일 조금씩
자전 속도가 느려지고 있다.

달의 중력이 지구의 바닷물을 끌어당기면서 밀물과 썰물이 생겨요. 이때 바닷물과 지구의 자전이 상호작용하며 마찰이 발생하고 이 마찰이 지구의 자전 속도를 조금씩 늦추고 있어요.

정답 : O

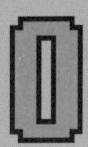

059

모기는 수컷만 피를 빨아 먹는다.

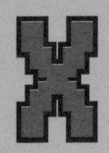

모기는 알을 만들기 위해 피를 빨아 먹고 영양분을 보충해요. 때문에 암컷 모기만 피를 빨아 먹고, 수컷 모기는 꽃의 꿀이나 식물의 수액 등을 먹어요.

정답 : X

꿀벌은 춤으로 의사소통을 한다.

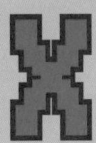

꿀벌은 꼬리를 흔들기도 하고 8자 모양으로 빙글빙글 돌면서 춤을 추기도 해요. 춤을 통해 꽃이 있는 위치와 방향, 거리 그리고 꿀의 질까지 알려 준다고 해요.

정답 : O

061

사람은 물 없이
일주일 이상 살 수 있다.

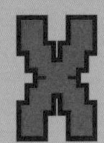

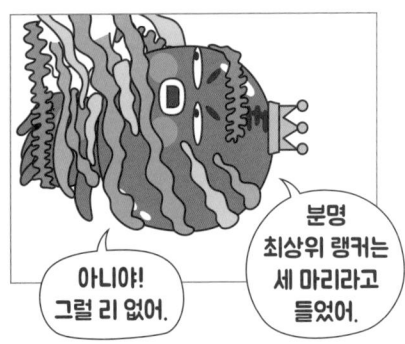

의학계에서는 물 없이 사람이 생존 가능한 기간을 2~3일로 보고 있어요. 사람마다 건강 상태나 환경에 따라 생존 기간이 다를 수는 있지만, 사람은 일주일 이상 물 없이는 살 수 없답니다.

쭈꾸랑 왕자의 숨겨진 비밀

062
구름 한 덩어리의 무게는 수백 톤에 달한다.

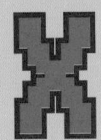

구름은 작은 물방울이나 얼음 알갱이로 이루어져 있지만, 알갱이가 매우 작고 가벼워서 공기와 함께 떠 있을 수 있어요. 1㎦ 구름의 무게가 약 500톤 정도로 어른 코끼리 100마리의 무게와 비슷하답니다.

정답 : O

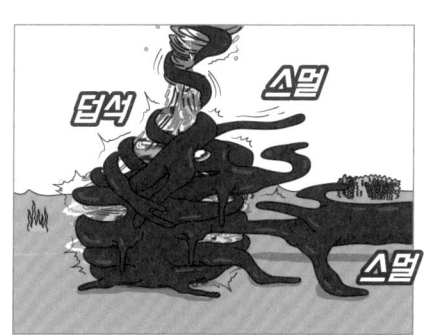

063
박쥐는 앞다리가
날개로 변형된 포유류이다.

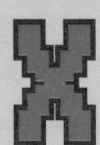

박쥐가 날아다녀서 당연히 조류라고 생각할 수 있지만, 박쥐는 새끼를 낳아 젖을 먹여 키우는 젖먹이 동물 포유류예요. 박쥐는 포유류 중 날개를 퍼덕여 날 수 있는 유일한 동물이지요.

147

064
가장 작은 공을 사용하는
구기 종목은 골프이다.

공을 사용하는 운동 경기인 구기 종목 중 가장 작은 공을 사용하는 종목은 탁구예요. 탁구공은 지름이 약 4㎝이고, 골프공은 지름이 약 4.3㎝랍니다. 탁구공은 가장 가볍기도 해요.

정답 : X

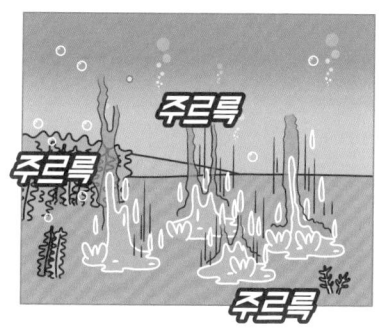

065
번개는 위에서
아래로만 내리친다.

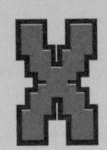

아니!

차아아악

이런!
기름에 잡혔어!

다들 불가사리 공격에만
신경 쓰다가….

큭! 우리도야.

얘들아!

너도
조심해야지!

위에서
공격하다니?

빙글

쓰윽

구름 속에 있는 음전기와 양전기가 서로 부딪치면서 번개가 발생해요. 번개는 주로 구름과 지면 사이에서 위에서 아래로 내리치지요. 하지만 지면 쪽에 전기가 집중되면 구름에 있는 양전기를 향해 위로 솟구치며 거꾸로 번개가 치기도 한답니다.

정답 : X

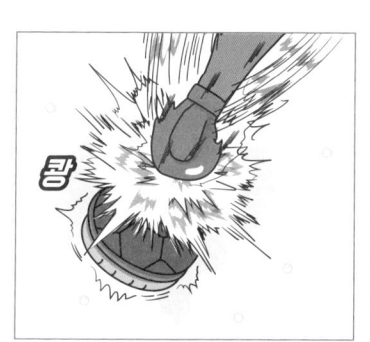

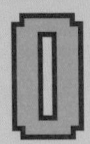

066

넓은 잎을 가졌지만
은행나무는 침엽수이다.

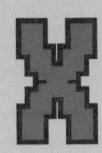

됐어, 쭈꾸랑 왕자!

이제 치료가 다 끝났어!

스르륵

덕분에 이제 좀 움직일 수 있을 것 같아.

어때?

다행이야. 그럼 난 이제 친구들을 도우러 갈게!

지금 다들 위험에 빠졌거든.

같이 가!

넌 치유 능력만 있잖아.

저기 가면 너까지 위험해질 거라고!

....

왜 그렇게 보는 거지?

넓은 잎을 가진 나무를 활엽수라고 하고, 잎이 바늘 모양인 나무를 침엽수라고 해요. 그런데 은행나무는 넓은 잎을 가졌지만, 나무를 구성하는 섬유 세포의 길이가 침엽수처럼 길어서 침엽수에 포함되었어요. 이런 경우는 은행나무 단 하나뿐이라고 해요.

정답 : O

153

067

하마는 초식동물이다.

나도 이제
내 소중한 친구들을
도우러 가야 해!

휙

그럼 먼저 갈게!

아 참!

멈칫

쭈꾸랑 왕자!
네가 잘못 알고
있는 게 있어.

빙글

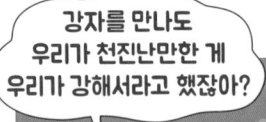

강자를 만나도
우리가 천진난만한 게
우리가 강해서라고 했잖아?

그건 사실이
아니야.

우리가
힘든 상대를 만나도
웃을 수 있는 건….

낮에 주로 물속에서 휴식을 하는 하마의 모습을 보고, 사냥을 위해 물속에 있다고
생각할 수 있어요. 하지만 하마는 풀을 주식으로 먹는 초식동물이에요.

정답 : O

068

광화문 광장을 지키는 이순신 동상은 왼손에 칼을 들고 있다.

청동으로 만들어진 충무공 이순신 동상은 오른손에 칼을 든 늠름한 모습으로, 거북선 모형과 함께 있어요. 또 바다를 지킨 업적을 기리기 위해 동상 근처에 분수대도 설치되어 있답니다.

정답 : X

069
우리나라는 노벨상을
한 번 수상했다.

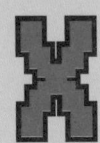

이젠 정말 웃긴 쇼는 끝났지?

자~, 그럼 다시 시작하자!

쇼는 아직 안 끝났어!

쩌렁

쩌렁

아! 위에서 또 뭔가가 내려오고 있어!

크으윽! 또?

버럭

부웅

콰앙

우리나라는 2000년 김대중 전 대통령이 재임 기간 중 노벨 평화상을 받았고, 2024년 한강 작가가 노벨 문학상을 받으며 역대 두 번째 한국인 노벨상 수상자가 되었어요.

070

만 나이는
생일을 기준으로 계산한다.

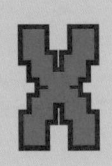

우리나라는 2023년 6월 '만 나이 통일법'이 시행되며, 나이를 만 나이로 통일하기로 하였어요. 만 나이는 생일을 기준으로 나이를 한 살 더 먹게 된답니다.

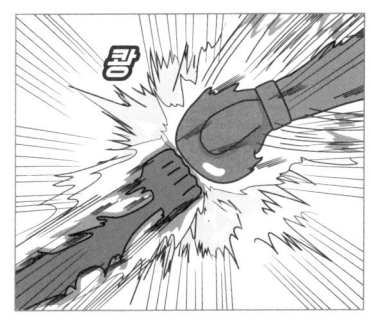

071

축구 경기에서 각 팀은 11명으로 구성된다.

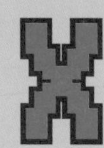

축구는 네 포지션 골키퍼, 수비수, 미드필더, 공격수로 구성되며 감독의 전략에 따라 골키퍼를 제외한 포지션의 인원수를 조절하여 한 팀에 11명씩 경기를 진행해요. 경기 시간은 전반 45분, 후반 45분, 하프타임 15분이랍니다.

정답 : O

163

오징어는 파란색 피를 가졌다.

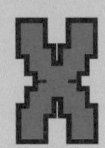

우리도 함께
공격하자!

펑
펑
펑

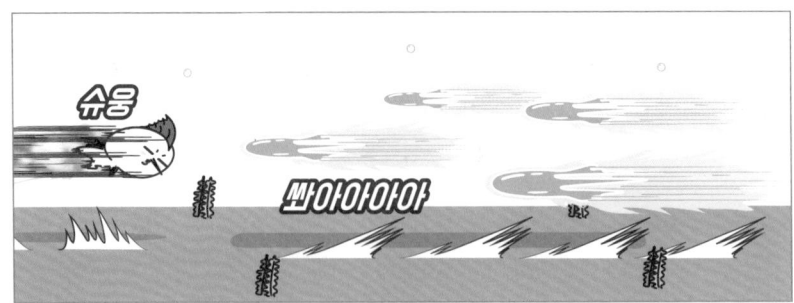

슈웅

쌰아아아아

차막
차막
차막
차막

총알을 좀 많이 쏴 봐.
재밌다 말았네.

척
주섬
주섬

오징어 피에는 헤모시아닌이라는 구리를 함유한 색소를 가지고 있어요. 구리는 산소와 만나면 푸른색으로 변하게 되므로, 오징어와 같은 연체동물의 피는 투명에 가까운 약간 푸르스름한 색으로 보여요.

정답 : O

073

한글날은 국경일이 아니다.

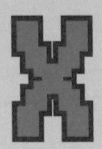

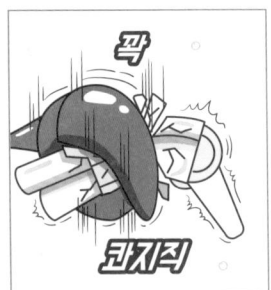

국경일은 나라의 경사를 기념하기 위하여 국가에서 법률로 정한 경축일이에요. 우리 나라는 삼일절, 제헌절, 광복절, 개천절, 한글날이 국경일로 정해져 있어요.

정답 : X

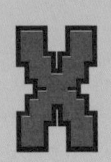

세계 육지 면적의 약 30%를 차지하는 우리나라가 속한 아시아 대륙은 지구에서 가장 큰 대륙이에요. 뒤를 이어 아프리카 대륙이 두 번째로 큰 대륙이고, 오세아니아 대륙이 대륙 중 가장 작답니다.

정답 : O

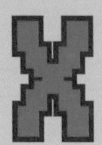

됐어! 다음은 불가사리 돌연변이가 차례다!

흭

흐이익! 오지 마! 가시 좀 치우라고!

....

참이야, 돌연변이도 바다 생물인데 그만 좀 괴롭힐래…

참이야! 자, 받아!

이제 불가사리 돌연변이도 가둬 줘!

응!

저건 물방울 감옥이잖아!

툭

난중일기는 임진왜란이 일어난 7년 동안 이순신이 쓴 일기로, 대한민국 국보이자 유네스코 세계기록유산으로 등재되어 있어요. 일기에는 당시 상황, 전투 기록과 함께 이순신의 삶과 철학이 담겨 있지요.

정답 : O

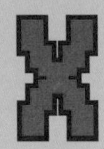
물은 0°C에서 얼고 100°C에서 끓는다.

알고 있는 것처럼 순수한 물은 0℃에서 얼고, 100℃에서 끓어요. 하지만 산 정상에 오르면 기압이 낮아지면서 물의 끓는 온도가 낮아져 100℃보다 낮은 온도에서 끓게 되고, 물에 소금과 같은 불순물을 섞게 되면 어는점은 낮아지고 끓는점은 높아진답니다.

정답 : O

173

진화하는 징키스

077

대한민국 대통령과
국회의원 임기는 5년으로 같다.

그럴 수밖에. 시간도 많이 지났고, 용궁 상황도 전혀 모르잖아!

그렇지, 참!

우리도 얼른 따라가자!

부웅

앗! 쭈꾸랑 왕자가 문을 만들고 있어.

OX OX

....

오잉? 참이야, 표정이 왜 그래?

빙글

아까 명태 돌연변이의 말이 꺼림칙해서.

어떤 말?

우리나라 대통령 임기는 5년으로 중임할 수 없고, 국회의원 임기는 4년으로 중임 제한이 없어 여러 번 당선될 수 있어요. 참고로 미국 대통령 임기는 4년으로, 한 번 중임할 수 있어 최대 8년까지 대통령직을 수행할 수 있지요.

078

머리는 감지 않아야 머리카락이 덜 빠진다.

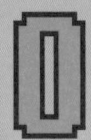 

근데 쭈꾸랑 왕자!

응?

너 말이야. 처음보다 훨씬 강해진 것 같던데?

맞아! 입바람 한 번으로 폐기름을 모두 날려 버리고 펀치도 정말 강력했어.

도대체 어떻게 된 거야?

후후! 아까 두야에게 마음까지 치료받았거든.

마음?

사실 난, 왕자로서 모든 걸 혼자 책임져야 한다고 생각했어.

그래서인지 몸은 항상 무거웠고, 긴장해서 딱딱하게 굳어 있었지.

그런데 두야가 말해 줬어.

머리를 감지 않으면 두피에 노폐물이 쌓여 머리카락을 더 많이 빠지게 해요. 머리를 감을 때는 적당량의 샴푸를 사용하고 깨끗하게 헹구는 것이 중요해요. 또 잘 말려야 겠죠.

079

알을 깨고 나온 병아리는 배꼽이 있다.

도착했어! 용왕님의 방!

어, 문이 닫혀 있네?

아직도 저 안에서 싸우고 있나 봐?

응! 징키스도 공주도 나오지 않은 걸 보면 아직 승부가 안 난 것 같아.

막상막하의 전투가 계속되고 있나 봐.

덜컥

앗! 문이 열렸어!

누군가 나온다!!

저… 저건!

보통 포유류만 배꼽이 있다고 알고 있을 거예요. 하지만 병아리와 같은 조류에도 배꼽이 있어요. 알 속에서 자라는 과정에서 배꼽을 통해 포유류처럼 영양분을 공급받아요. 포유류와 달리 조류는 부화 후 배꼽이 점점 작아지며 잘 보이지 않게 돼요.

정답 : O

181

080

문어는 심장이 3개이다.

어서 도망가!!!

뭐라고?

왜 그래,
낙랑 공주?

이 싸움은
절대 이길 수 없는
싸움이야!

말도 안 돼!
그렇게 강하던 낙랑 공주가
이런 말을 하다니….

불쑥

차아악

큭!

덥석

문어는 8개의 다리가 머리와 연결되어 있고, 3개의 심장을 가지고 있어요. 3개의 심장은 역할이 나누어져 있어서 가장 큰 심장은 온몸에 산소를 공급하고, 남은 보조 심장 2개는 아가미로 피를 순환시켜 준다고 해요.

정답 : O

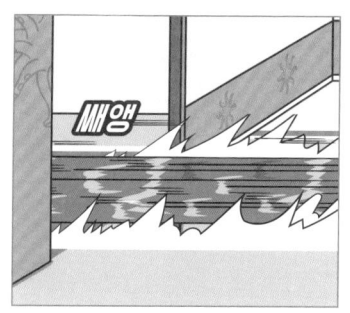

081

판다는 겨울잠을 자지 않는다.

동물들이 겨울잠을 자는 이유는 먹이 때문이라고 해요. 한겨울에 동물들이 먹이를 찾기란 어려운 일이지요. 하지만 대나무를 먹는 판다는 겨울에도 푸르른 대나무 숲에 살기 때문에 먹이 걱정이 없어 겨울잠을 자지 않아도 된답니다.

정답 : O

185

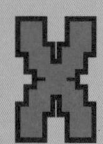

082
이상 기후는
오직 온도 상승만을 의미한다.

이상 기후는 온도 상승 외에도 강수량 변화와 같은 기후 요소가 평년에 비해 현저히 높거나 낮은 극한 현상을 말해요. 지구 온난화가 가속화되면서 존재하지 않았던 새로운 이상 기후 현상이 발견되고 있어요.

083

우리나라는 반도 국가이다.

반도는 땅의 한 면이 그보다 큰 땅에 연결되어 있고, 남은 삼면이 바다로 돌출된 육지를 말해요. 지도로 우리나라를 보면 우리나라가 반도라는 걸 정확하게 알 수 있어요.

정답 : O

084

캥거루는 뒤로 뛰지 못한다.

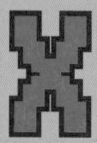

캥거루는 발이 길고 꼬리가 워낙 커서 뒤로 걷거나 뛰지 못해요. 보통 캥거루는 두 발과 튼튼한 꼬리로 균형을 잡고 점프하며 앞으로 움직여요. 나이가 들면 네 발을 이용해 걷는데 이때도 한 발씩 걷지 못하고 앞발, 뒷발 순서로 두 발을 함께 움직이지요.

정답 : O

085

세계 최초로 텔레비전 방송을 시작한 나라는 미국이다.

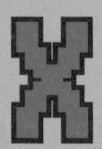

하나하나가 엄청난 능력들이었거든!

바다와 육지를 정복하기 위해 꼭 필요한 능력들이었지!

정말 고마워. 너희들 덕분에 나의 꿈에 한 발 더 가까워졌어.

쓰담 쓰담

꾸벅

우리가 돕고 있다는 명태 돌연변이의 말이 이거였군.

의도치 않게 우리의 능력이 나쁜 일에 쓰이게 됐어!

자~, 그럼 나의 능력을 마음껏 감상하라고!

쓰윽

파르르

파르르

감상하기엔 시간이 좀 짧을 수도 있겠군.

흥! 어딜! 가시나 맛보라고!

붕

휙

휙

세계에서 제일 처음 텔레비전 방송을 시작한 나라는 영국이에요. BBC는 1936년에 세계 최초의 공영 텔레비전 방송을 시작하였고, 이후 미국에서 1939년에 NBC가 최초로 상업 텔레비전 방송을 시작했어요.

정답 : X

086

사람이 숨을 쉴 때 필요한 기체는 산소이다.

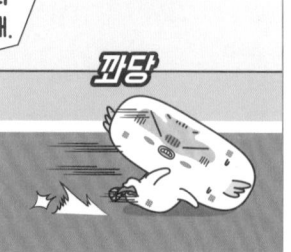

산소는 색깔과 냄새가 없는 기체로 사람이 숨을 쉴 때 반드시 필요하지요. 사람은 산소를 들이마시고 이산화탄소를 내뿜고, 나무는 광합성을 통해 이산화탄소를 흡수하고 햇빛을 이용해 산소를 만들어요.

정답 : O

087
로댕의 '생각하는 사람'은 오른손으로 턱을 받치고 있다.

크, 더는 몸을 못 움직이겠어.

이렇게 속수무책으로 우리가 당할 줄이야.

나도….

한 방 한 방이 모두 너무 강력해.

이 싸움에서 이길 수 없다던 낙랑 공주의 말이 무슨 뜻인지 알겠어.

정말 더는 방법이 없을까?

잠깐! 방법이 있어.

앗!

그렇지! 쭈꾸랑 왕자가 아직 남아 있잖아.

쭈꾸랑 왕자!

휙 휙 벌떡

엥? 쭈꾸랑 왕자?

바위에 엉덩이를 걸치고 있는 오귀스트 로댕의 조각상 '생각하는 사람'은 왼쪽 다리에 얹은 오른손으로 턱을 받치고 생각하는 모습으로, 인간의 고뇌와 깊은 사색을 표현하고 있어요.

088

대중교통 이용 시 만 6세 미만은 차비를 내지 않아도 된다.

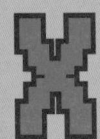

뭐야? 처음엔 135등이었어도 용감하게 맨몸으로 징키스에게 달려들었잖아.

그땐 아무것도 몰랐으니까….

힘이 생겨 보니 알겠더라.

징키스의 무서움을….

언제나 강했던 공주가 징키스에게 절대 이길 수 없다고 했을 때! 진화한 징키스가 내 주먹을 막았을 때!

난 두려워졌어. 결국 다시 몸이 이렇게 완전히 굳어 버렸어.

꿈틀

꿈틀

너희들의 능력까지도 빼앗겨 버린 지금, 내가 뭘 할 수 있겠어….

으윽!

흠…, 쭈꾸랑 왕자가 아직 마음은 강해지지 못했나 보군.

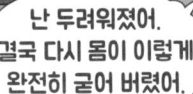

그런 것 같아.

대중교통을 이용할 때 보호자 동반 만 6세 미만 영·유아는 무료로 대중교통을 이용할 수 있어요. 지하철의 경우 만 65세 이상 노인과 장애인, 국가유공자도 무료 이용이 가능해요.

정답 : O

바다의 소리가 들리면

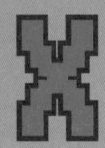
나도 새로운 돌연변이들을 모아야 하니 그만 끝내자고!

자! 자! 이별의 마지막 대화는 모두 끝난 건가?

그래서 쭈꾸랑 왕자… 네가 말하는 결론이 뭐야?

용궁을 내주고 항복이라도 하겠다는 거야?

그… 그건….

콜록~ 콜록~, 숨도 차.

끄응, 일어서는 것도 너무 힘들어….

너희들 포기한 거 아니었어? 일어서기도 힘들면서 또 싸우려고?

이기지도 못할 싸움을?

깜짝

개미산은 다른 곤충과 싸울 때 개미가 방어를 위해 뿌리는 독이 든 물질이에요. 개미는 의사소통을 위해 페로몬을 뿌려 위험을 알리거나 먹이가 있는 곳 등을 동료에게 알려요.

090

10월 25일은 독도의 날이다.

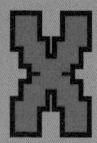

쭈꾸랑 왕자!

걱정하지 마.
우리 모험은
항상 이랬거든.

이 정도는
아무것도 아니라고,
후후~.

그러기엔
네 다리에 힘이
너무 풀렸어.

덜덜덜

피곤할 텐데 굳이
쓸데없는 노력들을 하는군.

그렇게 말을 하다가
우리에게 당한 악당들이
꽤 많거든! 덤벼!

타얏

슈웅

왕자님,
바다의 소리에
귀를 기울여
주세요!

고… 공주!

바다의 소리?

타닷

그러면 분명
움직일 수 있게
될 거예요.

독도의 날은 독도가 대한민국 영토임을 널리 알리고 독도 수호 의지를 세계 각국에 알리기 위해 지정한 날로, 10월 25일이에요. 이날은 1900년 고종 황제가 대한제국 칙령 제41호로 독도를 울릉도 부속 섬으로 명시한 날이기도 해요.

091

거미도 거미줄에 걸린다.

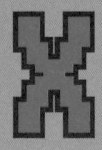

거미는 거미줄을 만들 때 먹이를 잡기 위한 끈적이는 부분과 이동을 위한 덜 끈적이는 부분으로 구분해서 만들어요. 거미는 덜 끈적이는 부분으로 이동하기 때문에 자신이 만든 거미줄에 걸릴 일은 거의 없답니다.

정답 : X

우리나라에서는 사계절을 뚜렷하게 느낄 수 있어요. 이는 우리나라가 지구의 중위도에 자리 잡고 있기 때문이에요. 극지방에서는 기온이 매우 낮아 겨울과 여름 두 계절만 나타나기도 하고, 적도 지방에서는 따뜻한 날씨가 유지되며 뚜렷한 사계절을 느낄 수 없답니다.

정답 : X

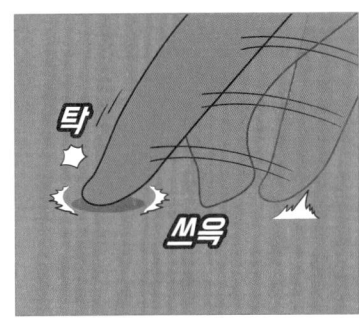

093

삼각형의 세 각의 크기의 합은 함상 180도이다.

참이야! 또 공격이야!

큭! 또 해초창이냐? 이젠 움직이지도 못하겠다, 이 오징어야!

앗!

퍽

해초창을 막는 건 내 전문이지!

빠앵

너무 오래 기다리게 해서 미안해.

쭈꾸랑 왕자!

괜찮아?

두려움을 이겨냈구나!

모양이 다른 삼각형이라도 세 각의 크기의 합은 항상 180도예요. 그래서 한 각의 크기를 구할 때 두 각의 크기만 알면 남은 한 각의 크기를 쉽게 구할 수 있지요. 사각형도 네 각의 크기의 합이 360도로 항상 같아요.

094
여객선은 뱃고동 소리로
출발 시간을 알린다.

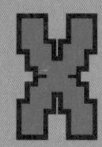

끄덕

끄덕

스르륵

샤샥

쭈꾸랑 왕자가 움직인 게 무엇이 그리 대단한 일이라고!

낙랑 공주, 마지막이다! 특대 성게 가시다!!

아….

샤샤샥

헉, 가시에 찔리겠어!

다다다다다

뱃고동은 선박의 안전 운항과 관련된 신호를 전달하는 역할을 해요. 다른 선박에 경고하거나, 항구에 진입 또는 출항할 때, 항로를 변경할 때 뱃고동을 울려 다른 선박에 알려요. 하지만 뱃고동은 출발 시간을 알리는 용도로는 사용하지 않아요.

095

까투리는 암컷 꿩을,
재병이는 수컷 꿩을 말한다.

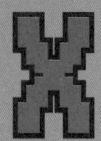

꿩은 부르는 이름이 다양해요. 암컷 꿩은 까투리, 수컷 꿩은 장끼, 어린 새끼는 꺼병이라고 불러요. '엄마 까투리'라는 동화가 교과서에 실리기도 해 까투리라는 말은 들어 본 기억이 있을 거예요.

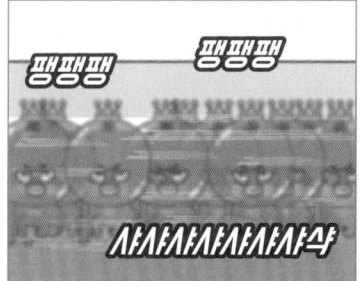

096
바둑알은
백돌과 흑돌의 크기가 다르다.

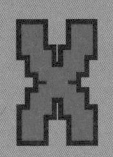

흐이익!
말도 안 돼!

우우웅

막아도 소용없어!

콰광

크아아악!

….

….

꼼빡

꼼빡

낙랑 공주,
저 상황을 좀
설명해 줄래?

쭈꾸랑 왕자한테
징키스가 꼼짝도 못하는
믿기 힘든 상황이라.

216

백돌과 흑돌의 크기는 약 0.3㎜ 정도 차이가 있어요. 그 이유는 흑돌이 빛을 흡수하고, 백돌은 빛을 반사하며 흑돌이 조금 작아 보이게 되지요. 그래서 흑돌을 더 크게 만들어 비슷한 크기로 보이게 해요.

정답 : O

217

097

태풍, 허리케인, 사이클론은 발생한 곳에 따라 다른 이름으로 불린다.

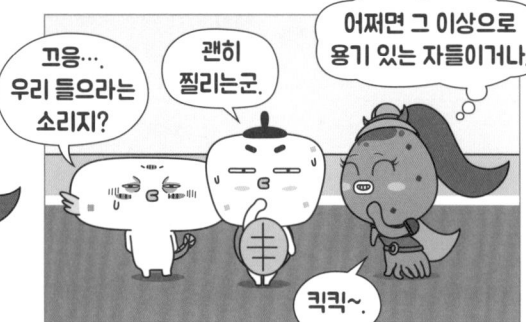

태풍, 허리케인, 사이클론은 열대성 저기압이 어느 곳에서 발생하였느냐에 따라 다른 이름으로 불려요. 북서태평양에서는 태풍, 미국 등 북중미에서는 허리케인, 인도양과 남반구에서는 사이클론으로 부른답니다.

098
올림픽을 상징하는 오륜기에는 검은색이 없다.

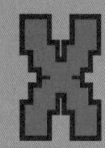

때라는 건 그 능력이 꼭 필요한 순간에 와야 하거든.

그 능력을 탐내 억지로 때를 찾게 되면 오히려 그 능력에 먹힐 수 있어.

후후~, 쭈꾸랑 왕자에게는 꼭 필요한 순간에 때가 와서 다행이야.

아닌 것 같은데?

오잉? 왜 아니라는 거야?

저기.

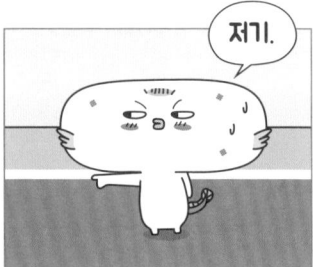

전기가오리 소리! 전기 공격!

곰치 소리! 이빨 공격!

초롱아귀 소리! 빛 공격!

그러네. 저건 좀 과한걸.

향유고래 소리! 지느러미 내려치기!

상어 소리! 깨물기!

크아악! 살려 주세요!

오륜기의 동그라미는 다섯 대륙을 의미하고, 파랑, 노랑, 검정, 초록, 빨강은 세계 여러 나라의 국기에 가장 많이 쓰인 색깔들이에요. 중앙에 검은색 고리가 위치해 있어요.

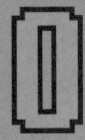
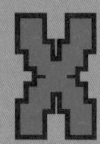

괜찮소?

저 오징어가 낙랑 공주님을 이렇게 만든 것이오?

좀 더 능력을 써서 혼내줄걸!!

버럭

후후~, 괜찮아졌어요. 정말 고생 많으셨어요, 왕자님!

흠, 용왕님께 능력을 절제하는 교육은 다시 받아야겠군.

앗! 우리 모두 원래 모습으로 돌아왔어.

그렇다면….

응! 전투가 끝났다는 의미야! 하하~.

휴~, 힘든 전투였어.

V자형으로 날아가면 뒤에 있는 기러기들은 공기 저항을 덜 받게 돼 에너지를 절약해서 더 멀리 날아갈 수 있어요. 또한 기러기들은 날갯짓의 박자를 맞춰 상승 기류를 극대화한다고 해요.

정답 : O

사하라 사막에 눈이 내린 적이 있다.

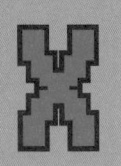

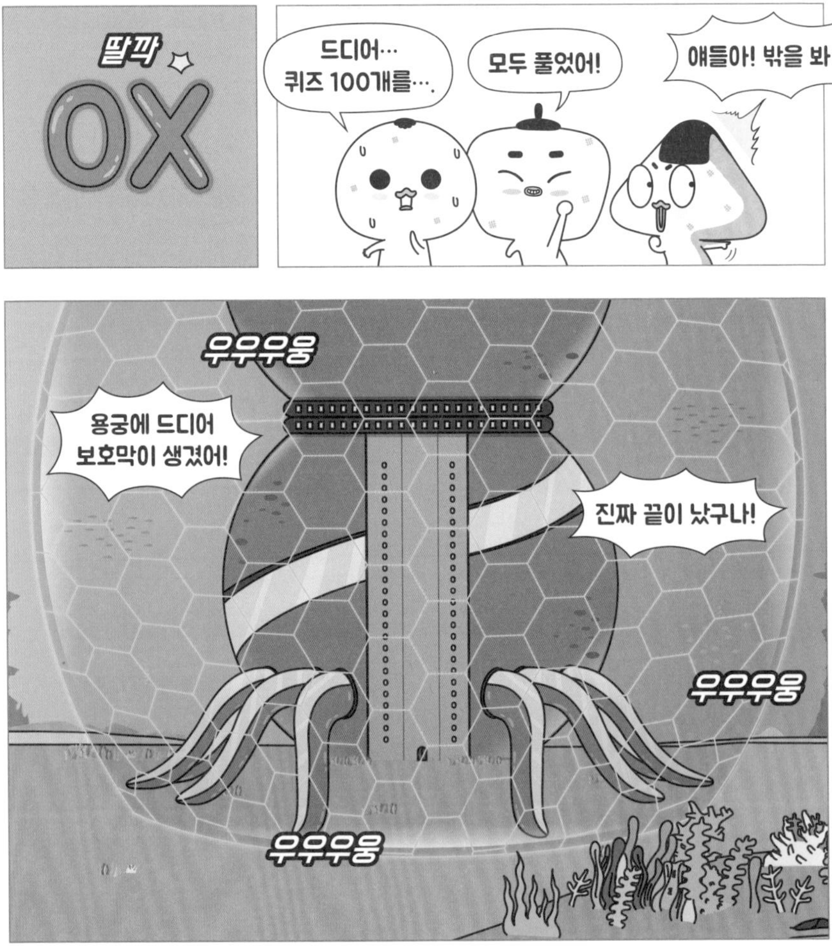

아주 먼 옛날 사하라 사막에도 눈이 내렸다는 증거를 발견하며 사람들은 놀라워했었죠. 하지만 최근 기상 이변으로 인해 2016년, 2017년, 2018년에 이어 2021년에도 사하라 사막에 눈이 쌓였다고 해요.

정답 : O

에필로그

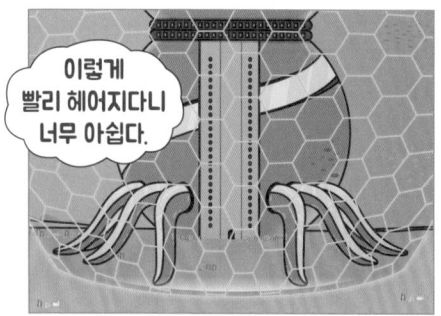

이렇게 빨리 헤어지다니 너무 아쉽다.

벌써 가는 거야?

우리도 할 일이 태산이라고.

분리수거도 해야 하고, 안 쓰는 전기 콘센트도 뽑아야 해!

이제는 무엇이든 아껴 쓰고, 다시 쓰고, 나눠 쓸 거야.

후후! 그런 이유라면 빨리 보내 줘야지!

와~, 다시 물고기들이 돌아왔어.

돌연변이들이 감옥에 갇힌 게 벌써 소문이 났나 봐.

하지만 기후 변화로 떠난 물고기들은 아직 돌아오지 못하고 있지.

아 참! 물방울 감옥에 갇혀 있는 돌연변이들은 어떻게 할 생각이야?

그 부분에 대해서도 정해졌어.

용왕님이 말씀하시길 아주 멀고 깊은 심해로 가면 돌연변이들을 물고기로 되돌릴 수 있는 신비한 물고기가 있대.

그 물고기를 찾으러 왕자님과 함께 곧 모험을 떠날 거야.

끄응, 결혼식도 그 뒤로 미뤄졌다고….

킥킥, 쭈꾸랑 왕자 너무 서운해하지 말라고.

어때? 너희들도 같이 갈래?

못 들은 걸로 할게!

하하! 빨리 가자, 얘들아! 할 일이 많다고!

주춤

주춤

큭큭! 너희들을 데려왔던 해초 타래야. 이걸로 다시 육지로 보내 줄게.

척

229

읽으면서
바로 써먹는
어린이
OX퀴즈

초판 4쇄 2025년 2월 17일
초판 1쇄 2024년 12월 5일

글·그림 한날

펴낸이 정태선
펴낸곳 파란정원
출판등록 제395-2010-000070호
주소 서울특별시 은평구 가좌로 175, 5층
전화 02-6925-1628 | **팩스** 02-723-1629
제조국 대한민국 | **사용연령** 8세 이상 어린이
홈페이지 www.bluegarden.kr | **전자우편** eatingbooks@naver.com
종이 다올페이퍼 | **인쇄** 조일문화인쇄사 | **제본** 경문제책사

글·그림ⓒ2024 한날
ISBN 979-11-5868-293-4 73030

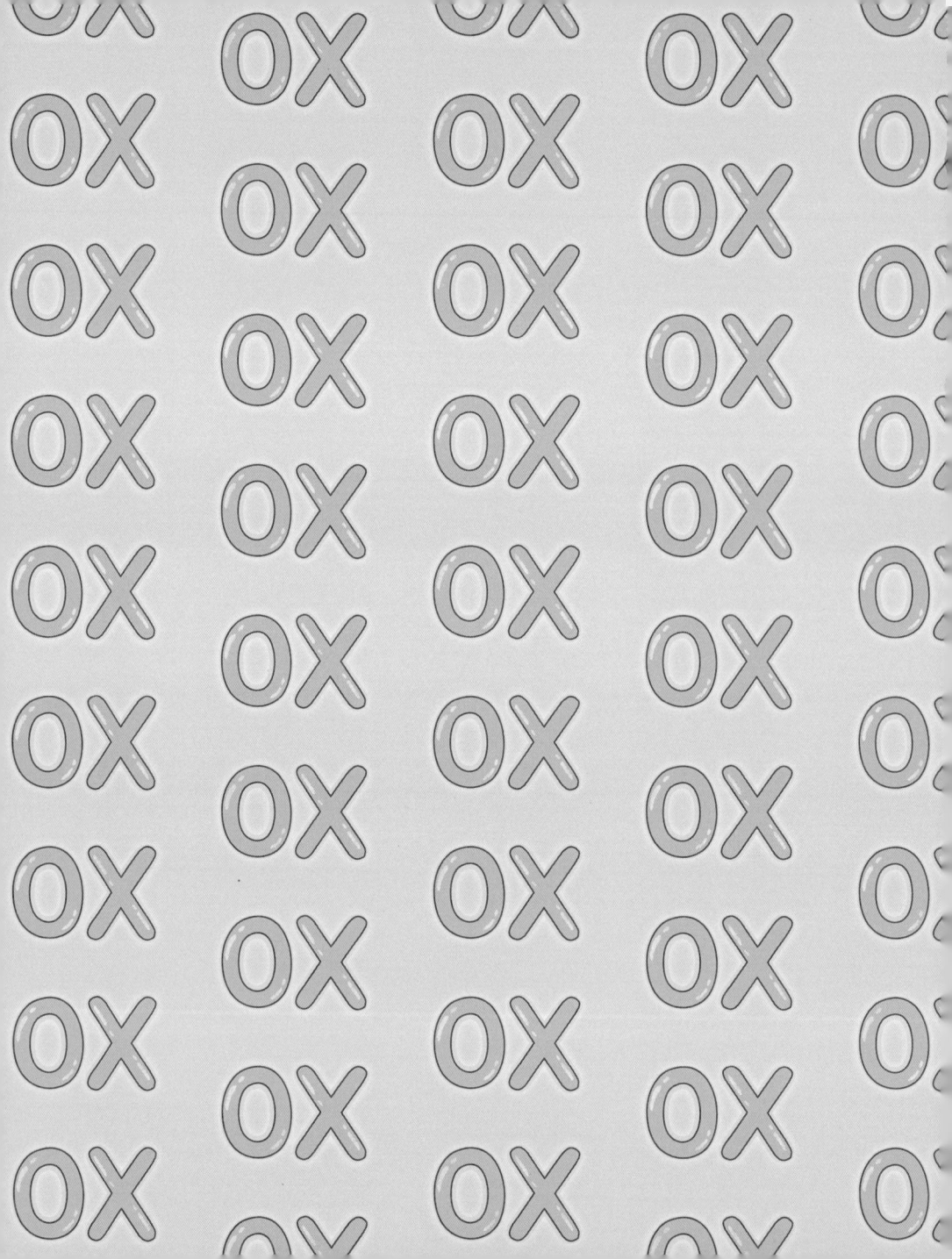